2020년 사회복지사 1급 대비 수험서
smart
지역사회복지론

2020년 사회복지사 1급 대비 수험서

smart
지역사회
복지론

김한덕 편저

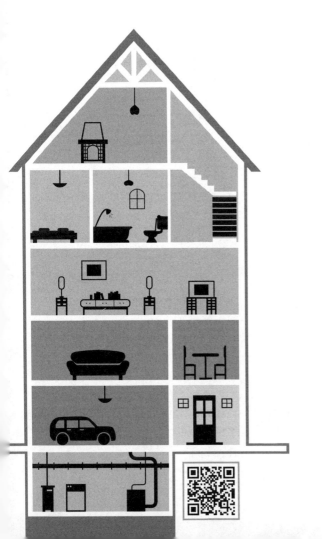

사회복지사 1급!
합격의 길로
동영상 강의와 함께하는
12일 완성
Key Point!!

에듀파인더
[edufinder.kr]

2020년 사회복지사 1급 대비 수험서
smart
지역사회복지론

초판 인쇄   2019년 10월 20일
초판 발행   2019년 10월 25일

편저자   김한덕
발행인   권윤삼
발행처   (주) 연암사

등록번호   제16-1283호
주소   서울특별시 마포구 양화로 156, 1609호
전화   (02)3142-7594
FAX   (02)3142-9784

값은 뒤표지에 있습니다. 잘못된 책은 바꾸어 드립니다.

ISBN 979-11-5558-057-8   14330
     979-11-5558-051-6   (전8권)

연암사의 책은 독자가 만듭니다.
독자 여러분들의 소중한 의견을 기다립니다.
트위터 @yeonamsa
이메일 yeonamsa@gmail.com

이 도서의 국립중앙도서관 출판시도서목록(CIP)은 서지정보유통지원시스템 홈페이지(http://seoji.nl.go.kr)와
국가자료공동목록시스템(http://www.nl.go.kr/kolisnet)에서 이용하실 수 있습니다.
(CIP제어번호: CIP2019037244)

머리말

저출산과 초고령사회로 치닫고 있는 지금, 우리나라도 다양하고 복잡한 사회문제들이 발생하고 있습니다. 특히, 1997년 말 IMF 외환위기 이후 선진국과의 무한경쟁을 위한 기업의 구조조정 과정에서 발생한 대량실업과 고용불안, 가족해체, 고착화되고 있는 저출산과 세계에서 가장 빠른 속도로 진행되고 있는 인구의 고령화 등에 따른 사회적 변화는 새로운 복지패러다임을 요구하고 있습니다. 20여년의 공직생활을 마치고 사회복지현장과 학교에서 사회복지를 20여년 가르치면서 가졌던 생각은 '사회복지를 통해 행복한 삶을 어떻게 추구할 수 있을까'였습니다.

최근에 부각되고 있는 아동·노인·장애인·여성·한부모가족·다문화가족의 문제 해결, 독거노인·빈곤층 대책과 복지사각지대의 근절, 그리고 보다 질 높은 복지서비스를 요구하는 국민들의 요구에 부응하기 위하여 사회복지사의 역할과 책임은 매우 중요하다고 하겠습니다.

이에 본서에서는 사회복지실천의 3대 구성요소인 사회복지의 가치(70%), 지식(20%), 기술(10%)을 배우는 실천과목에 대한 1급 기출문제를 분석하면서 실천현장에서 사회복지전문가에게 꼭 필요하고 중요한 내용만을 정리하였습니다.

선발시험과 달리 자격시험은 선택과 집중이 중요합니다. 어려운 1~2과목은 과락이 되지 않도록 기출문제 중심으로 정리하고, 자신 있는 2~3개 과목은 고득점(80점)할 수 있도록 집중하면 합격(60점)은 무난히 할 수 있습니다.

「이번에 1급 시험에 꼭 합격하여 훌륭한 사회복지사가 되겠다」는 각오로 시험에 임한다면, 틀림없이 꿈이 이루어지리라 믿습니다.

〈본 교재의 구성과 특징〉

- 수험생들이 전체적인 맥락에서 교과를 정리할 수 있도록 구성하였으며, 요점을 정리하였다.
- 2019년 8월말 현재까지 제정 및 개정된 법령을 반영하였으며, 최근 출제경향을 파악할 수 있도록 최근 기출문제를 수록하여 최신의 정보를 적극 반영하였다.
- 매단원마다 출제빈도가 높았던 부분을 표시(★)하고, 혼돈되거나 틀리기 쉬운 부분도 밑줄로 표시(___)하여 최종정리 시 도움이 되도록 하였다.
- 혼자 학습하거나 공부시간이 절대적으로 부족한 수험생들이 효율적으로 정리할 수 있도록 분량을 최소화하도록 하였다.

[사회복지사 1급 자격제도 안내]

◆ 사회복지사

- 사회복지사 1급은 사회복지학 전공자, 일정한 교육과정 이수자, 사회복지사업 경력자로서 국가시험에 합격하여 보건복지부장관의 자격증을 받은 자를 말한다.
- 사회보장급여의 이용 · 제공 및 수급권자 발굴에 관한 법률 제43조는 사회복지사업에 관한 업무를 담당하게 하기 위하여 시 · 도, 시 · 군 · 구 및 읍 · 면 · 동 등에 사회복지사 자격증을 가진 사회복지전담공무원을 두도록 규정하고 있다.
- 사회복지사는 사회복지 프로그램을 개발 · 운영하고 시설거주자의 생활지도를 하며 청소년, 노인, 여성, 장애인 등 복지대상자에 대한 보호 · 상담 · 후원업무를 담당한다.

◆ 사회복지사 자격의 특징

사회복지사의 자격증은 현재 1, 2급으로 나누어지며, 1급의 경우 일정한 학력과 경력을 요구하고 또한 국가시험을 합격하여야 자격증이 발급된다. 2급의 경우 일정 학점의 수업이수와 현장실습 등의 요건만 충족되면 무시험으로 자격증을 취득할 수 있다.

◆ 1급 시험 응시자격

〈대학원 졸업자〉

① 고등교육법에 따른 대학원에서 사회복지학 또는 사회사업학을 전공하고 석사학위 또는 박사학위를 취득한 자

② 다만, 대학에서 사회복지학 또는 사회사업학을 전공하지 아니하고 동 석사학위를 취득한 자는 보건복지부령이 정하는 사회복지학 전공교과목과 사회복지관련 교과 목 중 사회복지 현장실습을 포함한 필수과목 6과목 이상(대학에서 이수한 교과목 을 포함하되, 대학원에서 4과목이상을 이수하여야 한다), 선택과목 2과목 이상을 각각 이수하여야 한다.

〈대학 졸업자〉

① 고등교육법에 따른 대학에서 보건복지부령이 정하는 사회복지학 전공교과목과 사 회복지 관련 교과목을 이수하고 학사학위를 취득한 자

② 법령에서 고등교육법에 따른 대학을 졸업한 자와 동등 이상의 학력이 있다고 인정 하는 자로서 보건복지부령으로 정하는 사회복지학 전공교과목과 사회복지관련 교 과목을 이수한 자

〈외국대학(원) 졸업자〉

외국의 대학 또는 대학원(단, 보건복지부장관이 인정한 대학 또는 대학원)에서 사회 복지학 또는 사회사업학을 전공하고 학사학위 이상을 취득한 자로서 대학원 졸업자 와 대학졸업자의 자격과 동등하다고 보건복지부장관이 인정하는 자

〈전문대학 졸업자〉

① 고등교육법에 의한 전문대학에서 보건복지부령이 정하는 사회복지학 전공교과목 과 사회복지관련 교과목을 이수하고 졸업한 자로서 시험일 기준 1년 이상 사회복 지사업의 실무경험이 있는 자

② 법령에서 고등교육법에 따른 전문대학을 졸업한 자와 동등 이상의 학력이 있다 고 인정하는 자로서 보건복지부령이 정하는 사회복지학 전공교과목과 사회복지

관련 교과목을 이수한 자로서 시험일 기준 1년 이상 사회복지사업의 실무경험이 있는 자

〈사회복지사 양성교육과정 수료자〉
① 고등교육법에 따른 대학을 졸업하거나 이와 동등이상의 학력이 있는 자로서, 보건복지부장관이 지정하는 교육훈련기관에서 12주 이상의 사회복지사업에 관한 교육훈련을 이수한 자로서 시험일 기준 1년 이상 사회복지사업의 실무경험이 있는 자
② 사회복지사 3급 자격증 소지자로서 시험일을 기준으로 3년 이상 사회복지사업의 실무경험이 있는 자

◆ 응시 결격사유
금치산자 또는 한정치산자, 금고 이상의 형을 선고받고 그 집행이 끝나지 아니하였거나 그 집행을 받지 아니하기로 확정되지 아니한 사람, 법원의 판결에 따라 자격이 상실되거나 정지된 사람, 마약·대마 또는 향정신성의약품의 중독자는 응시할 수 없다.

◆ 시험방법

시험과목 수	문제 수	배점	총점	문제형식
3과목(8영역)	200문항	1점/1문제	200점	객관식 5지 선택형

◆ 시험과목

구분	시험과목	시험영역	시험시간
1교시	사회복지기초(50문항)	• 인간행동과 사회환경(25문항) • 사회복지조사론(25문항)	50분
2교시	사회복지실천(75문항)	• 사회복지실천론(25문항) • 사회복지실천기술론(25문항) • 지역사회복지론(25문항)	75분
3교시	사회복지정책과 제도(75문항)	• 사회복지정책론(25문항) • 사회복지행정론(25문항) • 사회복지법제론(25문항)	75분

◆ 합격 기준

① 매 과목 40점 이상, 전 과목 총점의 60% 이상을 득점한 자를 합격 예정자로 결정하며, 합격 예정자에 대해서는 한국사회복지사협회에서 응시자격 서류심사를 실시하며, 심사결과 부적격자이거나 응시자격서류를 정해진 기한 내에 제출하지 않은 경우에는 합격예정을 취소한다.

② 필기시험에 합격하고 응시자격 서류심사에 통과한 자를 최종합격자로 발표한다.

◆ 사회복지사 자격활용정보

• 사회복지사 1급 자격증 소지자는 시·도, 시·군·구, 읍·면·동 또는 사회복지전담기구에 사회복지전담공무원으로 일할 수 있다. 또한 지역복지, 아동복지, 노인복지, 장애인복지, 모자복지 등의 민간 사회복지기관에 취업할 수 있다. 이 외에도 학교, 법무부 산하 교정시설, 군대, 기업체 등에서 사회복지사로 활동할 수 있으며 자원봉사활동관리 전문가로 활동할 수도 있다.

• 사회복지사 1급 자격증 소지자는 의료사회복지 또는 정신보건 분야에서 일정한 경력을 쌓으면 시험을 통해 의료사회복지사나 정신보건사회복지사 자격을 취득하여 해당분야의 전문사회복지사로 활동할 수 있다.

◆ 사회복지사 1급 자격증 관계도

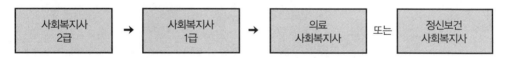

• 의료사회복지사

사회복지사 1급 자격소지자는 의료사회복지 실무경력 1년 이상, 또는 의료사회복지 연구 및 교육에 1년 이상의 경력을 가지고 있는 경우 의료사회복지사 자격시험에 응시할 수 있다.

• 정신보건사회복지사

① 사회복지사 1급 자격소지자는 보건복지부장관이 지정한 전문요원 수련기관에서 1년 이상 수련을 마치면 정신보건사회복지사 2급 자격증을 취득할 수 있다.

② 2급 정신보건사회복지사 자격 취득 후 정신보건시설, 보건소 또는 국가나 지방자치단체로부터 지역사회정신보건사업을 위탁받은 기관이나 단체에서 5년 이상 정신보건 분야의 임상실무경험을 쌓으면 정신보건사회복지사 1급 자격증을 취득할 수 있다.

• 사회복지사 2급

사회복지사 2급 자격소지자는 1년간의 실무경력을 갖추면 사회복지사 1급 자격시험에 응시할 수 있다.

시험시행 관련 문의

• 한국산업인력공단 HRD 고객센터: 1644-8000
• 한국사회복지사협회: 02) 786-0845

차 례

제1장
|
지역사회의 개념과 유형

1. 지역사회 개념 ★★★

지역사회는 'community'라는 단어를 번역한 것으로 'community'는 지역사회로 번역되기도 하지만, 공동체로도 번역되기도 함. '지역사회'는 일정한 지역성에 좀 더 초점을 두고, 학문적 개념의 근원이 됨. '공동체'는 공통의 이해관계나 특성을 바탕으로 하며, 마술적(magic) 매력을 지닌 언어임

1) 지역사회가 주목되는 이유
① 급격한 경제성장으로 인한 부정적인 사회현상에 대한 비판적 시각이 확대됨
② 지방자치제도가 실시됨
③ 환경운동과 생태주의의 확산으로 획일적이고 거대한 중앙집권체제에 대한 비판이 확대됨
④ 지역사회 수준에서의 지속가능한 삶에 대한 관심이 높아짐
⑤ 복지국가의 재편 과정에서 복지 다원주의가 확산됨

2) 현대 지역사회 특징

① 교통과 통신의 발달로 인해 국적을 비롯한 지리적 경계로부터 자유로워짐

② 가상공동체 등 기능적인 지역사회에 대한 의미와 기능이 강화되었지만, 이로 인해 지리적 지역사회의 의미는 약화됨

③ 단순한 지역성을 강조하는 지리적 의미의 지역사회는 그 의미를 점차 상실하고 기능적 특성이 강조됨

④ 현대에 상부상조의 정신을 중심으로 두레마을을 복원하기 위해 지역사회복지가 등장하게 되었고, 공동육아나 지역 화폐운동 등 전통적인 상부상조운동이 되살아나고 있음

3) 지리적 의미와 기능적 의미 ★★★

로스(Ross)는 지역사회의 개념을 지리적(공간적) 의미와 기능적 의미로 구분하였음

(1) 지리적(공간적) 의미

① 일정한 지리적 공간에 살고 있는 사람들의 집단을 의미함

② 모든 지역사회는 사회이지만, 모든 사회가 지역사회는 아님

③ 지리적인 특성 및 분포를 강조함

④ 예: 행정단위인 특별시, 광역시, 도, 시, 군, 읍·면 등이 있음

(2) 기능적 의미 ★★★

① 공통의 이해관계나 특성 등에 따라 모인 사람들의 집합체를 의미함

② 어떤 특성이나 민족, 종교, 생활방식, 이념, 장애, 사회계층, 직업유형 등을 중심으로 구성되는 동질성을 지닌 공동체를 의미함

③ 구성원의 공동이익을 중심으로 형성되는 이익공동체 성격을 가짐

④ 예: 소수민족집단, 동성애자, 학계, ○○동호회, 부녀회, 조기축구회 등

2. 좋은 지역사회

1) 좋은 지역사회 특징(워렌, Warren)
① 구성원 사이의 인격적인 관계 형성이 이루어짐
② 권력의 폭넓은 분산과 배분이 이루어짐
③ 다양한 소득집단, 인종집단, 종교집단, 이익집단을 포용함
④ 높은 수준의 지역적 통제가 이루어짐
⑤ 의사결정 과정에서 협력의 극대화, 갈등의 최소화가 보장됨
⑥ 주민들의 자율성이 충분히 보장됨

2) 역량 있는 지역사회(펠린, Fellin)
① 지역사회에 헌신하고 협력해야 함
② 다양한 집단들은 자신의 가치와 이익을 자각해야 함
③ 합의된 목표달성을 위해 의견일치가 이루어짐
④ 구성원들은 목표를 확인하고 달성하기 위한 활동에 참여해야 함
⑤ 지역사회 내 집단들 간에 발생하는 갈등을 조절하기 위한 절차가 있어야 함
⑥ 자율성이 지켜져야 하며, 외부사회와의 관계를 조정할 수 있어야 함

3) 이상적인 지역사회(린데만, Lindeman)
① 효율적 정부라는 매개체를 통해 질서, 즉 생명과 재산의 안전을 도모해야 함
② 효율적 생산체계를 통해 경제적 안녕, 즉 소득을 보장해 주어야 함
③ 공공의 보건기관을 통해서 육체적 안녕, 즉 보건과 위생을 보장해야 함
④ 조직적이고도 잘 마련된 놀이를 통해서 여가시간을 건설적으로 활용하게 해야 함
⑤ 조직화된 지역사회에 대한 지지를 받을 수 있는 윤리적 기준, 즉 도덕체계를 제공
   해야 함
⑥ 공공기관을 통해서 지식의 보급, 즉 교육을 제공해야 함
⑦ 신앙적 동기를 제공해야 함

3. 좋은 지역사회 특성

① 다양한 소득, 종교, 이익집단이 포함되어 있음
② 주민의 자율권이 충분히 보장되어 있음
③ 정책형성과정에서 갈등이 최소화되고 최대의 협력이 도출됨
④ 구성원 간 인격적 관계가 이루어질 수 있음
⑤ 권력이 폭넓게 분산되어 있음

4. 지역사회에 대한 이론

1) 지역사회를 바라보는 이론적 관점

(1) 지역사회 상실이론

① 도시화로 인해 현대사회의 개인주의 영향과 인간관계 단절 현상 등으로 1차 집단
이 해체되고 공동체가 무너지고 전통적인 지역사회가 사라지게 되었으며, 국가의
개입을 강조하게 됨
② 이론의 배경에는 과거 전통사회의 유기적 공동체에 대한 로맨틱한 향수가 깔려
있음
③ 이 이론에 의하면 지역사회는 이상적인 것으로서 복구될 수 없는 잃어버린 세계
로 이해됨으로 상실된 지역사회의 기능을 대체할 새로운 제도적 장치가 필요하다
고 봄

(2) 지역사회 보존이론

① 지역사회 상실이론에 대한 반론으로 제기된 것으로써 국가의 개입보다는 가족이
나 지역사회가 갖고 있는 사회적 지지망(social network)으로 상호부조기능의 수
행을 강조함
② 현대사회에서도 아파트 마을가꾸기, 이웃 도와주기 등 전통적인 지역사회가 가지
고 있던 유기적 공동체의 기능이 살아있음
③ 농촌사회와 유사하게 현대사회의 도시인들도 혈연, 이웃, 친구와 관계를 맺으며,

이러한 사회적 관계망을 통해 전통사회가 가지고 있었던 지역사회의 사회적 기능을 보존할 수 있음

(3) 지역사회 개방이론
① 지역사회상실이론과 지역사회보존이론에 대한 제3의 대안
② 지역사회 개방이라는 의미는 지역사회가 기존에 가지고 있던 지역성 의미에서 벗어난 새로운 개념. 즉 좁은 의미의 지역성에 기초한 개념에서 나아가 사회적 지지망의 관점에서 비공식적 연계를 강조
③ 사회적 지지망의 관점에서 비공식적 연계를 강조하면서 지역사회의 지리적 의미와 기능적 의미를 포괄적으로 함축하고 있는 지역사회에 관한 이론

2) 공동사회와 이익사회(퇴니스, Tonnies)
인간사회는 공동사회에서 이익사회로 발전되었다고 봄

(1) 개념
퇴니스의 공동사회와 이익사회 개념은 사회변동에 따른 사회형태의 변화를 보여줌.
퇴니스는 서구사회가 '공동사회의 연합체 → 공동사회의 연합체 → 이익사회의 협의체 → 이익사회의 연합체' 순으로 발전했다고 봄
① 공동사회의 연합체
　　- 가족을 비롯한 혈연관계, 이웃관계, 친구관계
　　- 사회복지적 함의: 가족 중심의 비공식복지
② 공동사회의 협의체
　　- 공동의 노동이나 직업적 소명에 따른 관계
　　- 사회복지적 함의: 길드, 교회 등을 통한 초기 형태의 공식 복지
③ 이익사회의 협의체
　　- 합리성과 이해타산을 기초로 하여 정해진 목적과 수단에 따라 활동
　　- 대기업 조직, 국가 관료조직
　　- 개인 간 긴장관계 발생

－ 사회복지적 함의: 민간에 의한 자선적 복지 강조

④ 이익사회의 연합체

　－ 현대사회의 관료조직에 인간관계의 회복 시도

　－ 사회적 연대성을 통해 공동사회의 특성을 다시 도입하려는 노력의 형태

　－ 사회복지적 함의: 사회보험, 공공부조, 사회복지서비스 등의 제도화, 공식적, 제
　도적 사회복지의 발전

5. 지역사회의 유형과 기능

1) 지역사회 유형화(던햄, Dunham)
(1) 인구의 크기에 따른 기준
① 지역 내 거주하고 인구의 수를 통해 구분하는 형태
② 예: 대도시 중소도시 등

(2) 경제적 기반에 따른 기준
① 주민들의 경제생활뿐만 아니라 사회, 문화적 특성을 파악하고자 하는 인류학적 조
　사, 연구에 흔히 사용하는 기준
② 예: 광산촌, 어촌, 산촌 등

(3) 정부의 행정구역에 따른 기준
① 행정구역에 따른 구분. 행정구역을 구분할 때 인구의 크기에 고려되기도 하지만,
　반드시 인구의 크기에 비례하여 구분되는 것은 아니라는 점에서 인구 크기에 따른
　기준과 다름
② 예: 특별시, 광역시 · 도, 시 · 군 · 구, 읍 · 면 · 동

(4) 인구구성의 사회적 특수성에 따른 기준
① 지역사회 구성원 대다수의 사회적 특성을 중심으로 지역을 유형화하는 것

② 예: 도시 저소득층 지역, 미국의 차이나타운 등

2) 지역사회의 기능과 제도(길버트와 스펙트, Gillbert & Specht) ★★

(1) 생산 · 분배 · 소비의 기능 → 경제제도
일상생활을 위해 필요한 재화와 서비스를 생산, 분배, 소비하는 과정과 관련된 기능

(2) 사회화의 기능 → 가족제도
지역사회 구성원들이 구성하는 가족, 집단, 조직 등을 통해 지역사회의 지식, 가치, 행동유형을 터득하는 과정

(3) 사회통제의 기능 → 정치제도
지역사회가 사회 구성원들에게 어떠한 행동을 하도록 지배하고 강조하는 사회의 규범(법, 도덕, 규칙 등)에 순응하게 하는 것임

(4) 사회통합의 기능 → 종교제도
지역사회 구성원들의 상호 간 협력, 결속력 등을 강조하는 기능도 하고 구성원들이 사회에 참여하도록 하는 기능이라고도 함. 즉, 사람들 스스로가 규범을 준수하여 바람직한 행동을 하도록 하는 것임

(5) 상부상조의 기능 → 사회복지제도
사회구성원들이 주요 사회제도에 의해서 자기들의 욕구를 충족할 수 없는 경우에 필요하게 되는 사회적 기능으로써 질병, 사망, 실업, 사고 등의 개인적인 이유에서 또는 경제적 제도의 부적절한 운영에 의해서 자립할 수 없는 상황에 놓이게 될 경우 외부의 도움을 필요로 함

〈 사회적 기능과 제도 〉

제도		일차적 기능
가족 종교 경제 정치 사회복지	➡	사회화 사회통합 생산 · 분배 · 소비 사회통제 상부상조

자료: Neil Gilbert and Harry Specht, Dimensions of Social Welfare Policy,
Prentice-Hall, Englewood Cliffs, New Jersey, 1974, p.6.

3) 지역사회의 기능과 비교 척도(위렌, Warren)

(1) 지역적 자치성

① 지역적 자치성은 개방체계임

② 지역사회는 다른 지역과 관계를 맺게 되는데 그 관계 속에서 나타나는 자립도와
의존도를 파악하는 것임

(2) 서비스 영역의 일치성

상점, 학교, 공공시설, 교회 등의 서비스 영역이 어느 정도 동일 지역 내에서 이루어
지고 있는가에 관한 것임

(3) 지역에 대한 주민들의 심리적 동일시

사회구성원들이 자신의 지역을 어느 정도로 중요한 준거집단으로 생각하며, 어느 정
도 소속감을 갖는가에 관한 것임

(4) 수평적 유형

지역사회 내에 있는 상이한 단위조직(개인, 사회조직)들의 구조적, 기능적으로 얼마
나 강한 관련을 갖고 있는가에 관한 것임

01) 지역사회 개념에 관한 설명으로 옳지 않은 것은?

(15회 기출)

① 지리적 지역사회는 일정한 지리적 공간을 공유하는 사람들의 집단을 의미한다.

② 기능적 지역사회는 구성원 공동의 이익과 이해관계를 같이하는 공동체를 의미
   한다.

③ 지역사회는 사회적 상호작용과 연대성을 기초로 한다.

④ 지역사회는 이익사회에서 공동사회로 발전한다.

⑤ 가상 공동체는 새로운 형태의 지역사회로 등장하고 있다.

☞ 해설

퇴니스(Ferdinand Tönnies)는 공동사회(Gemeinschaft)와 이익사회(Gesellschaft)
개념으로 지역사회를 설명하고, 인간사회는 공동사회에서 이익사회로 발전해 간다고
하였다. 또한, 산업화 이후 더 가속화된다고 보았다.

정답: ④

02) 지역사회(community)에 관한 설명으로 옳지 않은 것은?

(15회 기출)

① 기능적 지역사회는 이념, 사회계층, 직업유형 등을 중심으로 이루어진다.

② 지리적 지역사회는 이웃, 마을, 도시 등을 예로 들 수 있다.

③ 던햄(A. Dunham)은 지역사회를 인구 크기, 경제적 기반, 행정구역, 사회적 특수
   성으로 유형화했다.

④ 퇴니스 (F. Tönnies)는 지역사회를 공동사회와 이익사회로 구분했다.

⑤ 길버트와 스펙트(N. Gilbert& H. Specht)는 지역사회의 사회통합기능이 현대의
   사회복지제도로 정착되었다고 했다.

☞ 해설

길버트와 스펙트(N. Gilbert & H. Specht)는 지역사회의 기능을 5가지로 제시하고, 지역사회의 사회통합기능은 현대의 종교제도로 정착되었다고 보았다. 사회복지제도로 통합된 것은 상부상조 기능이다.

정답: ⑤

제2장
|
지역사회복지와 지역사회복지실천(1)

1. 지역사회복지 개념

지역사회복지란 시설보호와 대치되는 개념으로써 특정 대상 중심의 활동이 아닌 지역성이 강조되는 개념

    ① 대체로 일정한 지역 내에서 이루어짐

    ② 지역성과 기능성을 모두 포함함

    ③ 지역주민의 삶의 질 향상을 목표로 함

1) 지역사회복지에 대한 이해

① 지역사회는 대상인 동시에 실천 수단임

② 지역주민의 삶의 질 향상이라는 목표를 가지고 있음

③ 자연발생적인 민간 활동이나 민간자선활동을 포함함

④ 지역사회 수준에서 개입하는 일체의 사회적 노력임

⑤ 아동, 청소년, 노인 등 대상층 중심의 복지활동보다 지역성이 뚜렷함

⑥ 변화를 위한 직접적 개입활동에 초점을 둠

2) 지역사회복지 개념 속성

① 일정한 지역 내에서 이루어지며, 지역성과 기능성을 포함함

② 목표는 지역주민의 삶의 질 향상임

③ 지역사회의 문제해결 능력을 향상시키고 주민의 복지욕구를 충족시키는 기능이 있음

④ 정부와 민간의 협력이 강화되는 추세로 점차 발전하고 있음

⑤ 전문적, 비전문적인 서비스와 방법을 사용함

⑥ 개인, 가족 등 미시적 수준의 사회체계와 연속선상에 놓여 있음

2. 지역사회복지 이념 ★★★★

1) 정상화(normalization)

① 1950년대 덴마크와 1960년대 스웨덴 등 북유럽을 중심으로 정신지체인(지적장애인)의 생활을 가능한 한 정상적인 생활에 가깝게 추구하기 위해 대두된 이념

② 정상화 이념에서의 정상적인 생활이란 특별한 장애나 욕구를 가진 사람도 지역사회와 분리된 곳이 아닌 일상적인 삶을 유지할 수 있는 생활환경과 방식을 지속하는 것을 의미함

- 그들이 장애로 인한 불편을 최소화하기 위해서는 일상적인 가정과 지역사회의 통합된 삶을 강조하며, 사회적 노력이 필요함

③ 특별한 장애나 욕구를 가진 사람들의 일상적 삶 유지를 강조하고 있음

2) 사회통합

① 일반적으로 계층 간 격차를 줄이고 지역사회에서 불평등을 감소시켜 삶의 질을 제고해 나가는 것임

② 지역사회에서의 사회통합이란 장애인, 노인 등 지역사회의 보호대상자들이 일반주민들과 함께 지역사회에서 생활해나갈 수 있는 여건을 확보하는 것임

3) 탈시설화

① 생활시설의 형태를 소규모의 다양한 형태로 변화시키는 시설의 다양성을 말함
② 시설의 운영형태를 시설장과 시설 직원을 중심으로 운영하여 오던 폐쇄적 체제에서 지역주민, 즉 자원봉사자들과 후원자들이 적극 참여하도록 하는 시설운영의 개방을 강조함
③ 예: 주간보호시설, 그룹 홈, 단기보호시설, 재가복지 서비스 등

4) 주민참여

① 지방자치의 실시 이후로 더욱 확대되는 추세이며, 주민참여는 주민의 욕구 및 문제를 해결하기 위한 주체로서 주민의 주체성을 강조하는 것임
② 지역주민의 참여를 대전제로 해야 함
  - 지역복지계획의 최대의 특징은 '지역주민의 참여 없이는 지역복지계획을 수립할 수 없다' 는 점. 지역주민의 주체적인 참여에 의한 지역복지계획의 수립, 실행, 평가의 과정은 지역복지계획 그 자체이기 때문
③ 주민은 서비스 이용자임과 동시에 제공자로서 양면성을 가지고 있음
  - 지역복지에서의 주민은 단순히 서비스를 받는 사람으로만 위치하는 것이 아님
  - 지역사회는 문제 발생의 장이기도 하지만, 해결의 장이고 나아가 예방의 장이므로 주민은 서비스 이용자임과 동시에 제공자로서의 양면성을 가지고 있음

5) 네트워크

① 사회복지의 흐름 가운데 하나는 공급자 중심의 서비스 제공에서 이용자 중심의 서비스 제공으로의 변화임
  - 현대사회의 발전에 따라 다양한 욕구를 지닌 이용자들에게 원하는 서비스를 제공하기 위해서는 서비스 공급체계의 네트워크, 이용자의 조직화, 관련 기관과의 연계 등 다양한 네트워크의 구축이 필요함
② 지역사회복지에서 네트워크의 원리는 주민 욕구에 적합한 서비스를 제공하기 위하여 지역주민의 조직화, 보건의료, 복지의 연계, 사회복지기관, 시설의 연계 등을 포함한 포괄적 원리를 의미함

3. 지역사회복지 특성 ★★

1) 예방성
주민참여를 통하여 지역사회 내의 사회복지 욕구나 생활문제를 주민참여를 통하여, 조기에 발견하여 대응할 수 있으므로 예방적 효과를 거둘 수도 있음

2) 통합성과 포괄성
통합성은 one-stop service로, 서비스 제공기관 간의 네트워크 구축을 통하여 지역사회주민들에게 종합적으로 서비스를 제공하는 것을 의미함
- 공급자 측면에서는 종합성을, 서비스 이용자 측면에서는 포괄성의 특성을 가지게 됨
- 이때 포괄성은 생활의 전반적인 영역을 다각도에 포괄하여 다루어야 한다는 것을 의미함

3) 연대성·공동성
주민 개인의 활동은 해결이 곤란한 생활상의 과제를 주민들이 연대를 형성하고 공동의 행동을 통하여 해결하는 특성을 가지고 있음
- 연대성과 공동성은 대외적으로는 주민운동을 나타냄
- 대내적으로는 상호부조 활동으로 나타남

4) 지역성
① 주민의 생활권역을 기초로 하여 전개되는 것이 지역사회복지임
② 이때, 주민의 생활권역은 주민의 생활의 장인 동시에 사회참가의 장이기 때문에 지역적 특성을 고려해야 함
③ 주민의 기초적인 생활권역을 구분하는 기준은 다양한데, 물리적인 거리뿐만 아니라 심리적인 거리까지 포함하여 지역성을 파악해야 함

4. 지역사회복지실천 개념과 목적

1) 지역사회복지실천 개념
① 지역사회복지실천은 지역사회를 대상으로 하며 지역사회복지실천의 대상인 동시에 수단이 되기도 함. 지역사회는 다시 말해, 사회복지실천을 포괄적으로 일컫는 개념
② 지역사회 수준의 지역사회집단, 조직과 제도, 지역주민 간의 관계 및 상호작용의 행동패턴을 변화시키는 직접적 개입활동에 초점을 두는 개념
③ 지역사회복지 달성이라는 목적을 위해 구체적으로 지역사회 구성원들이 공유하는 문제와 관련된 지역사회의 변화를 위해 요구되는 개입기술을 응용하고 활용하는 것임

2) 지역사회복지실천 목적
(1) 지역사회 참여와 통합의 강화(로스)
① 지역사회에 있는 모든 집단들이 자신들의 의사를 표현하여 서로의 상호작용을 통해 자신들의 사회 환경을 개선하는 방안에 대해 합의하게 됨
 – 이때의 목표는 집단들과 조직들 간의 적응과 협동적인 관계가 됨
② 대표 학자: 로스(Ross)

(2) 문제대처 능력 향상(리피트)
① 지역사회 혹은 그 일부가 의사소통과 상호작용의 수단을 향상시키기 위해서는 환경과 그 변화에 대처할 수 있는 능력을 가져야 함
② 대표 학자: 리피트(Lippit)

(3) 사회조건과 서비스 향상(모리스, 빈스톡)
① 지역사회의 욕구와 결함을 찾아내어 사회문제를 해결하거나 예방하기 위해서는 효과적인 서비스와 방법을 개발하는 것임
② 특정 목표의 설정과 이들 목표를 달성하기 위해서는 자원의 동원이 포함되어야 함

③ 대표 학자: 모리스(Morris)와 빈스톡(Binstock)

(4) 불이익집단의 이익 증대(그로서)

① 물질적 재화와 서비스의 몫을 증대시키기 위해서는 지역사회 내 불이익집단이나
취약계층 및 특수집단(예: 하위계층, 소수집단, 도시 슬럼지역 주민 등)에게 초점
을 두어야 하며, 주요결정하기 위해서는 그들의 이익을 증대시키는 것 또한 포함
될 수 있음

② 대표 학자: 그로서(Grosser)

01) 지역사회복지 이념에 관한 설명으로 옳은 것은?   (14회 기출)

① 정상화는 1950년대 덴마크를 비롯한 북유럽에서 시작된 이념이다.

② 탈시설화는 무 시설주의를 지향하는 것이다.

③ 네트워크를 통하여 지역구성원의 개인정보를 누구나 공유할 수 있다.

④ 주민참여 이념은 주민자치, 주민복지로 설명되며 지역 유일주의를 지향한다.

⑤ 사회통합은 세대 간, 지역 간 차이에서 발생하는 경제적 우위를 추구하기 위하여
   노력한다.

☞ 해설

정상화 이념은 1950년대 덴마크에서 시작되었고, 1960년대 스웨덴에서 지적장애인
의 생활을 가능한 정상적인 생활에 가깝게 지역사회에서 해결하기 위해 대두된 이념
이다.

정답: ①

02. 지역사회복지 네트워크 성공요인이 아닌 것은?   (14회 기출)

① 조직의 자발성이 인정되어야 한다.

② 조직의 경쟁성이 우선되어야 한다.

③ 네트워크 관리자의 역할이 중요하다.

④ 협력의 목적과 비전이 공유되어야 한다.

⑤ 자원이 풍부하여야 참여가 원활할 수 있다.

☞ 해설

네트워크란 조직 간에 필요한 서비스와 자원을 연계, 협력하기 위한 것으로 경쟁을
위해 조직하는 것은 아니다.

정답: ②

제3장
|
지역사회복지와 지역사회복지실천(2)

1. 지역사회복지실천의 원칙, 가치, 윤리

1) 지역사회복지실천 원칙 ★★★
① 일차적인 클라이언트는 지역사회임
② 지역사회는 있는 그대로 이해되고 수용되어야 함
③ 개인과 집단처럼 각 지역사회는 서로 상이함(개별화)
④ 다양한 계층의 주민의 참여와 공동의 목표달성이 이루어져야 함
⑤ 욕구의 가변성에 따른 사업변화를 이해해야 함
⑥ 모든 사회복지기관 및 단체는 상호의존적으로 맡은 바 기능을 수행해야 함
⑦ 1차적 목적은 지역주민의 삶의 질 향상임
⑧ 다양한 문제해결 방법이 적용되어야 함
⑨ 각 계측의 이득을 대변화는 이들의 적극적 참여(풀뿌리 지도자 양성)를 목표로 해
  야 함

2) 지역사회복지실천 가치

① 다양성 및 문화적 이해

② 자기결정과 임파워먼트(역량강화)

③ 비판의식의 개발

④ 상호학습

⑤ 사회정의와 균등한 자원배분

3) 지역사회복지실천 윤리

① 개개인의 변화가 아닌 사회의 개혁이 개입의 일차적 목표임

② 사회복지사와 지역사회주민들은 비판의식을 키우도록 함

③ 클라이언트란 대상자 집단의 구성원, 표적이 되는 지역사회의 주민, 억압받는 인구집단의 구성원 등 많기 때문에 사회복지사들은 이러한 클라이언트 집단의 모든 구성원들과 직접 접촉하지는 않음

④ 대상자 집단이 사회복지사를 고용하기 때문에 개입은 대상자 집단의 구성원들과 제휴하는 가운데 이루어짐

⑤ 실천 활동의 목적이 불이익을 받고 있는 주변화된 집단들의 역량을 증대시키는 데 있기 때문에 지역사회복지실천이 억압적 체제를 유지하는 데에 이용되어서는 안 됨

2. 지역사회복지의 관련 개념

1) 시설보호

(1) 시설보호 의미

장애인 및 노인 등 사회적 보호를 필요로 하는 사람들이 하나의 일정한 시설에서 보호서비스와 함께 의식주를 제공받으면서 장기 및 단기적으로 거주하는 형태의 사회적 보호를 의미함

(2) 시설보호 특성

① 주거 개념을 포함시키며, 훈련된 직원이 함께 거주하며 생활함

② 엄격한 규율과 절차가 있어 개인의 자유와 선택이 제한되기 때문에 폐쇄적인 특징을 가지고 있음

2) 시설의 사회화

(1) 시설의 사회화 의미

① 시설과 지역사회의 상호작용 과정으로 시설생활자의 인권존중과 생활보장이라는 공공성에 기초하여 시설생활자의 생활수준 향상을 위한 노력과 지역사회복지 욕구에 대응하기 위하여 시설의 제 자원을 지역사회에 제공하고 사회복지에 대한 주민의 교육과 체험을 돕는 제반활동을 의미함

② 시설생활자의 인권존중 및 생활보장이라는 공공성을 기초로 하며, 탈시설화 이념과 맥락을 같이 함

(2) 시설의 사회화 내용

① 지역사회 자원의 활용 등

② 시설 운영의 개방

③ 시설과 서비스의 개방

④ 시설의 지역사회 활동 참여 및 지원

⑤ 시설생활자의 지역사회의 참여

3) 지역사회보호

(1) 지역사회보호 의미

① 장애인과 노인 등 사회적 보호를 필요로 하는 사람들에게 지역사회가 보호서비스를 제공하는 것으로, 시설보호의 문제점을 해결하기 위한 대안으로 제기된 개념임

② 가정 또는 그와 유사한 지역사회 내의 환경에서 서비스를 제공하는 사회적 보호의 형태를 지니고 있으며, 지역사회에서 일상적인 삶을 유지하도록 도움

③ 탈시설화, 정상화의 원리와 밀접한 연관이 있음

(2) 지역사회보호 특성

① 개인에 의해 이루어짐

② 전제는 가정 또는 가정과 유사한 환경임

③ 가정에서의 보호나 가정 외부로부터 서비스를 제공받음

④ 동거하는 직원이 없어야 서비스 제공이 이루어짐

4) 재가보호

(1) 재가보호 의미

① 재가복지가 본격적으로 등장하게 된 것은 제2차 세계대전 후 수용시설보다는 가정이나 규모가 작은 그룹 홈에서 보호하는 것이 바람직하다고 하는 원칙을 내세우게 된 것이 계기가 되어 노인이나 정신위생분야에서도 폭넓게 사용됨

② 욕구의 발견, 케어서비스, 각종 점검활동이 포함되며, 환경개선정비, 도모활동은 환경 개선 서비스에 속함

(2) 재가보호 특성

공공과 민간의 공식적 조직과 비공식적 조직에 의한 보호를 모두 포함함

5) 지역사회조직

① 지역주민을 조직화하여 지역문제를 해결하는 동적인 과정임

② 사회사업 3대 방법(개별지도사업, 집단지도사업, 지역사회조직) 중 하나임

③ 지역사회 수준에서 전개되는 일련의 활동을 말함

④ 공공과 민간 사회복지기관의 전문 사회복지사에 의해 보다 조직적이고 의도적이며 계획적임

⑤ 과학적인 지식과 기술을 사용한다는 점에서 다른 지역사회복지 활동과 구별됨

6) 지역사회개발

① 단순히 물리적 개발뿐 아니라, 지역사회 구성원들의 참여를 핵심으로 지역주민들의 삶의 질 향상을 위해 주민들이 스스로에 대한 확신을 가지고 지역사회의 문제

를 해결과정에 주민들의 참여가 확대되는 현상까지 포함됨

② 지역사회 구성원 사이의 연대감, 상호신뢰, 공동체 의식 등이 다져지고 지역사회
의 문제해결 과정에서 주민들의 참여가 확대되는 현상, 이는 곧 사회자본이 커지
는 현상임

01) 지역사회 복지관련 개념에 대한 설명으로 옳지 않은 것은?   (16회 기출)

① 지역사회조직(community organization)은 전통적인 전문 사회실천방법 중 하나이다.

② 지역사회개발(community development)은 지역사회 문제를 해결하기 위해 전문가에 의한 주도적 개입을 강조한다.

③ 지역사회보호(community care)는 가정 또는 그와 유사한 지역사회 내의 환경에서 서비스를 제공하는 사회적 돌봄의 형태이다.

④ 지역사회복지실천 (community practice)은 지역사회를 대상으로 하는 사회복지 실천을 포괄적으로 일컫는 개념이다.

⑤ 재가보호(domiciliary care)는 대상자의 가정에서 서비스를 받는 것을 의미한다.

☞ 해설
지역사회개발(community development)은 지역 주민들의 삶의 질 향상을 위해 전문가에 의해 주도적 개입을 하는 게 아니고 주민들이 스스로 확신을 가지고 대처 기술을 획득하도록 지원하는 활동이다.

정답: ②

02) 지역사회복지실천의 원칙으로 옳지 않은 것은?   (17회 기출)
① 지역주민 간의 협력 관계 구축
② 지역사회 구성원 중심의 목표 형성과 평가
③ 지역사회의 특성과 문제의 일반화
④ 사회 문제의 구조적 요인을 반영한 개입 방안 마련
⑤ 지역사회 변화에 초점을 둔 단계적 개입

☞ 해설

지역사회도 개인이나 집단과 같이 서로 상이하기 때문에 지역사회의 문제를 일반화하기보다 지역사회의 특성에 따른 개별화의 원칙을 준수해야 한다.

정답:③

제4장
|
지역사회복지의 역사(1)

참고하기: COS와 인보관의 차이점, 영국의 지역사회보호 관련 보고서

1. 자선조직협회와 인보관

1) 자선조직협회(COS: Charity Organization Society) ★★★

(1) 자선조직협회의 정의

① 19세기 말 미국
- 남북전쟁이 끝나고 제1차 세계대전이 시작되는 시기에 산업화(계층), 도시화, 흑인문제(노예), 이민문제(미국으로 이민, 인종시장) 등으로 사회문제가 제기됨
- 당시 자선조직협회 지도자들은 구빈을 위한 정부의 활동은 빈민의 재활을 위해서는 도움이 되지 않는다는 생각을 가짐
- 우애 방문원을 통해 COS는 1869년 런던에 최초로 설립

② 주로 자선단체 활동을 진행하는 중산층 이상의 사람들이 주도함(미국은 1877년)
- 가난한 주민들을 위한 서비스 조사, 개발, 후원과 동시에 비영리 사회복지부문을 위한 계획, 운영, 자금형성 기초를 강화하는 수단 및 새로운 모델을 확립함

- 특히 지역사회계획 전문기관을 탄생시키고 사회조사의 기술을 발전시킴
③ 당시 사람들은 빈곤을 개인의 도덕적 결함이나 나태와 같은 형태에서 기인한 것으로 봄(적자생존)
   - 사람들은 가치 있는 사람과 가치 없는 사람으로 구분하여 가치 있는 사람, 즉 자격이 있는 사람에 대해서만 전문적인 복지서비스를 제공함
④ 자선의 오남용을 막고 빈민들이 의존문화를 근절하는데 초점을 둠
⑤ 우애방문원이 역할모델로서 활동하며 빈민들의 삶을 변화시키는 데에 주력함
   - 그 후 우애방문원의 활동은 개별사회사업(Case Work)으로 발전함
⑥ 가치 있는 빈자와 그렇지 않은 빈자를 가려내기 위해 조사를 진행하며, 이는 사회조사의 기술적 발전으로 이어짐
   - 서비스 조정에 초점 기반
⑦ 사회진화론, 적자생존의 논리에 입각
⑧ 사례관리의 모태가 됨

(2) 자선조직협회의 의의
① 사회복지서비스의 문제가 재정적인 문제라기보다는 기능적인 문제로 인식하고 있음
② 자선조직화 운동을 통하여 사회사업 관련기관들이 업무 조정뿐만 아니라 직접적인 구호 서비스도 제공하기 시작하였으며, 구호 대상자들에게 서비스의 중복이 되지 않도록 노력함
   - 이는 자선모금 활동이 발전하게 되어 후에 공동모금회와 사회복지협의회를 조직하는 계기가 됨
③ 자선조직화 운동을 통해 사회사업 관련기관들의 업무조정 뿐만 아니라 직접적인 구호와 서비스도 제공하기 시작함
   - 빈곤, 주택문제, 질병 등의 사회문제에 대해 개선시키기 위해 지역복지센터가 많이 설립됨

2) 인보관 운동(Settlement house movement)

(1) 인보관 운동의 정의

① 1880년대 영국

- 해가 지지 않는 나라로 일컬어질 정도로 전 세계를 제패하며 산업 활동이 활발함
- 여러 나라에서 노예로 끌려온 자들이 영국의 열악한 산업현장의 환경 속에서 노동하고 있었음
- 이러한 열악한 환경을 파악하고 개선하려는 뜻있는 목사 바네트가 빈민 지역에 뛰어들어 변화를 모색함

② 열악한 환경을 개선하기 위해서는 먼저 그들이 거주하고 있는 지역에 적절한 시설을 건립하고 그 시설을 활용하여 빈민지역에 거주하고 있는 자들을 위한 적절한 자립방안을 모색해야 된다고 함

- 1884년 바네트 목사가 런던의 빈민가에 최초로 토인비홀로 설립함

③ 당시 빈곤은 개인적인 문제가 아닌 산업화, 도시화로 인해 나타나는 각종 사회문제와 산물이라고 인식함

④ 대학생, 성직자, 지식인들이 빈곤주민의 거주 지역에 직접 인보관을 세워 함께 생활하며 활동을 진행함

- 아동위생, 보건, 기술, 문맹퇴치 등 다양한 교육활동 및 문화 활동을 진행하여 주민들의 잠재력을 끌어내기 위해 노력함
- 빈곤문제, 주택문제, 노동착취문제, 공공위생문제 등 각종 사회문제에 관심을 두고 이를 해결하기 위한 사회개혁활동 및 입법 활동을 펼쳐 나감

⑤ 다양한 계급, 계층 간의 거리를 좁히기 위해 노력했고, 빈민과의 동등한 관계형성을 강조하며, 이웃으로서, 공동체로서 활동을 전개하였으며 이후 집단사회사업으로 발전함

⑥ 자유주의, 급진주의, 계몽주의 이념을 토대로 함

(2) 인보관 운동의 의의

① 대학생 자원봉사자들과 재정을 후원할 후원자들을 활용함

② 사회복지의 대상자들인 클라이언트를 발견하고 그들과 함께 거주함

③ 자립시키기 위한 인보시설을 건립함

④ 인적자원과 물적 자원을 개발하여 빈민들의 자립을 위해 프로그램을 개발함

⑤ 인보관 운동은 지역사회복지 실천방법의 전문성이 인정되지는 않아 체계가 잡히지 않았고 비전문가에 의해 시도된 운동이었다고 볼 수 있음

– 전문분야로 등장하는 것은 1960년대 이후

〈 자선조직협회와 인보관 운동의 특성요약 〉

구분	자선조직협회	인보관운동
사회문제의 근원	개인적 속성	환경적 요소
접근방법	빈민개조, 역기능 수정	빈민동반, 사회질서 비판
주요이념	사회진화론, 적자생존 논리	자유주의, 급진주의, 계몽주의
서비스 제공시 역점을 둔 내용	기관들 간의 서비스 조정	서비스를 직접 제공
강조점	사회유지	사회개혁
활동 성격내용	– 우애방문원의 가정방문 – 자선기관들과 협력적 계획 모색 – 새로운 복지기관 설립, 낡은 기관 개혁 – 입법활동 전개 – 지역사회계획 전문기관 탄생 – 사회조사 기술 발견, 사례관리의 모태	– 주민과 함께 생활하면서 제도를 개혁하고자 노력 – 입법/행정적 혁신까지 포함 – 기존 서비스의 향상 및 새로운 서비스 강구 – 잠재능력을 발휘할 수 있도록 하는 교육에 역점을 둠 – 아동노동 반대 – 참여와 민주주의 강조

2. 영국 지역사회복지 역사

1) 영국 역사

(1) 근대 지역사회복지 시작(1800년대 후반~1950년대 초)

① 1601년 이후 구빈법 체제 하에서 수용과 구제 중심의 지역사회복지 시행

② 1800년대 말

– 자선조직협회와 인보관 운동의 등장으로 지역사회보호 개념이 일반화됨

③ 지역사회보호사업은 1920년대에 정신장애인 들의 치료와 서비스를 위해 시작되

었으며, 약물요법의 발전과 지역사회 내에서의 치료와 서비스가 강조됨

④ 국민보건서비스법(1946)에 의한 의료제도의 확립으로 노인 복지영역에 있어서도 재가복지서비스가 구체화됨

(2) 지역사회보호 태동기(1950년대~1960대 후반)

① 재가복지 개념보다 지역사회보호 개념이 일반화되어 사용됨

- 이때 지역사회는 지역사회 '내'에서라는 장소적 의미와 함께 지역사회에 '의해' 라는 케어의 수단적 의미를 내포함

② 구빈법 체계에 따라 요보호계층을 지방정부의 책임 하에 시설에 수용하여 보호하던 것이 시설의 폐쇄성에 따라 인권문제가 제기되었고, 지방정부의 재정적 부담이 문제가 되면서 시설이 아닌 지역사회가 새로운 보호의 장으로 대두됨

③ 1950년 정신위생법 제정으로 지역사회보호가 법률로서 규정됨에 따라 형식적이나마 재가 복지서비스중심의 지역사회보호 정책이 전개될 수 있는 기틀이 마련됨

(3) 지역사회보호 형성기(1960년대 후반~1980년대 후반)

① 시봄 보고서(Seebohm Report, 1968)

- 지역사회보호로의 실질적인 전환이 일어난 계기임

- 지역사회는 사회서비스의 수혜자인 동시에 서비스의 제공자, 각종 비공식보호서비스와 시민참여를 통한 지역사회보호를 실시함

- 지역사회를 기반으로 한 사회서비스 제공에 초점을 둔 행정개편(여러 부서에 산재되어 있는 서비스를 통합하고 지역에 서비스 전담사무소 설치)

- 공공과 민간의 다양한 조직에 의한 공식 서비스(formal service)뿐만 아니라, 가족, 이웃 등에 의한 비공식 서비스(informal service)및 지역사회주민의 참여를 통한 지역사회보호 실현 강조

② 하버트보고서(Harbert Report, 1971)

- '지역사회에 기초한 사회적 보호(Community-Based Social Care)' 라는 제명으로 출판됨

- 가족체계와 지역사회의 근린에 초점을 둔 비공식 서비스의 중요성을 강조함
- 공공과 민간서비스의 주요한 과업은 친구와 친척에 의하여 제공되는 비공식보호를 지원함으로써 클라이언트의 긴급한 욕구를 충족시켜 주는 것이라고 봄

③ 바클레이 보고서(Barclay Report, 1982)
- 지역사회보호가 지역주민들의 인간관계에서 비롯된 비공식 돌봄망에 의해 제공됨을 인식함
- 지역사회의 상호간 유대를 강조하면서 비공식적 보호망의 중요성을 강조함
- 비공식 보호서비스와 공식 보호서비스 간의 파트너십 개발을 강조함

(4) 지역사회보호 발전기(1980년대 후반~현재): 복지의 축소

① 그리피스 보고서(Griffiths Report 1988)
- 1980년대 복지재정의 압박으로 공공재정에 대한 재검토가 이루어졌는데, 당시 집권 중이던 보수당 정부에 의해 그리피스 보고서가 작성되어 지역사회보호와 서비스분야에 대한 복지국가 개혁에 대한 내용이 마련됨
- 신보수주의 경향에서 케어의 혼합경제(mixed economy of care) 혹은 복지다원주의(welfare pluralism)논리를 따름
- 이후 1990년 국민보건서비스 및 지역사회보호법(National Health Services and Community Care Act)으로 제정·공포됨

② 그리피스 보고서(Griffiths Report 1988)와 이후 법안 주요 내용
- 지역사회보호의 일차적 책임을 각 지역정부가 가짐.
- 비공식적 보호망의 중요성을 강조하고, 공식적 사회서비스와 비공식적 서비스와의 긴밀한 유대관계 강조(영국의 지역사회복지에 영향을 미친 보고서)함
- 정부나 지방당국 외에 민간부문, 자원부문(voluntary sector)의 역할을 강조함
- 케어매니지먼트 도입(돌봄 계획을 수립, 욕구를 판단, 민간 서비스간의 경쟁유도, 서비스에 대한 감독 강화 등)
- 정부는 서비스의 공급자가 아닌, 서비스의 구매·조정자로서 그 역할에 변화가 일어남
- 지방정부는 대인서비스의 직접적인 서비스의 제공보다는 계획조정 구매자로서

의 역할을 수행한다는 점임

③ 베버리지 보고서(Beveridge Report)

- 사회문제를 5대악(무지, 불결, 질병, 나태, 결핍)으로 파악
- 사회보험 성공을 전제로 완전고용, 포괄적 보건서비스 및 가족 수당 강조

01) 영국의 지역사회보호 역사 중 다음의 특성과 관련 있는 것은? (15회 기출)

> • 사회서비스 부서 창설 제안
> • 대인사회서비스
> • 지역사회를 사회서비스 제공자로 인식
> • 서비스의 협력 및 통합

① 시봄(Seebohm) 보고서   ② 하버트(Harbert) 보고서
③ 바클레이(Barclay) 보고서   ④ 그리피스(Griffiths) 보고서
⑤ 베버리지(Beveridge) 보고서

☞ 해설

공공과 민간의 다양한 조직에 의한 공식 서비스뿐만 아니라 가족, 이웃 등에 의한 비공식 서비스와 지역사회 주민참여에 의한 지역사회보호를 강조한 것은 시봄 보고서이다.

정답: ①

02) 영국의 그리피스 보고서(Griffiths Report, 1988)에서 강조하고 있는 지역사회보호에 관한 설명으로 옳은 것을 모두 고른 것은? (16회 기출)

> ㄱ. 지역사회보호를 위한 권한과 재정을 지방 정부에 이양할 것을 주장하였다.
> ㄴ. 지역사회보호를 위한 지방정부의 서비스 공급자 역할을 강조하였다.
> ㄷ. 서비스의 적절성 확보를 위한 케어 매니지먼트(care management)를 강조하였다.
> ㄹ. 지역사회보호 실천주체 다양화를 추구하였다.

① ㄱ, ㄴ   ② ㄱ, ㄹ

③ ㄴ, ㄷ   ④ ㄱ, ㄷ, ㄹ

⑤ ㄴ, ㄷ, ㄹ

☞ 해설

ㄴ. 그리피스 보고서에서는 지역사회보호를 위한 지방정부의 서비스 공급자 역할보다 서비스 구매 · 조정자로서의 역할을 강조하였다.

정답: ④

제5장
|
지역사회복지의 역사 - 미국, 한국(2)

참고하기: 미국의 역사적 흐름 중 빈곤과의 전쟁에서 작은정부로, 한국의 역사는 필수, 조선시대 인보제도, KAVA, 일제강점기 등

1. 미국 지역사회복지 역사

1) 지역사회복지 태동기(1865~1914년)

- 산업화에 따른 각종 문제가 발생함
- 이러한 사회문제를 개선하려는 지역단위의 노력이 필요한 상황임
- 그러므로 국가의 역할은 국민의 재산권보호와 자유 수호, 인권의 보장에 한정되어야 한다는 주장이 제기됨

① 인보관 운동과 자선조직협회운동, 농촌개발 운동에 의해 미국 지역사회복지에 많은 영향을 미침
② 웨일(Weil)에 의하면 인보관 운동은 지역사회개발, 계획, 조직화와 변화의 뿌리이며, 자선조직협회는 지역사회복지서비스의 연계, 지역사회계획과 조직 간 관계의 원천이 되었으며, 농촌개발운동은 지역사회개발과 자조에 영향을 미친 것으로 봄

2) 지역사회복지 형성기(1920~1950년대)

① 지역공동모금 제도

- 20세기 초 사회복지기관이 재정난과 모금활동의 투명성 의혹 등에 따라 자선가 중심의지역공동모금제도 및 지역복지협의회 설립하여 자선보증기구를 통해 사회복지기관에 기준을 설정하고 활동 평가에 따라 일정 요건을 충족한 기관에만 지원하는 지역공동모금제 시행함
- 1913년 상공회의소의 자선연합회가 창설됨
- 제1차 세계대전으로 공동모금이 전시모금을 겸하게 되면서 공동모금이 크게 확산 됨
- 1949년 디트로이드 공동기금(United Fund)을 시작으로 1950년대 전국적 공동모금조직이 결성됨

② 사회복지기관협의회

- 지역사회의 문제와 욕구를 충족시키기 위해 복지사업을 계획 또는 조정하는 것을 목적으로 설립함
- 초기에는 공동모금에 의해 지원받는 복지기관에 연합체 성격을 가짐
- 점차 전문화됨에 따라 참여대상이 전문가에서 시민 등으로 확대되어 현대의 협의회 형태를 가지게 됨

③ 지역사회조직회(CO: Community Organization)

- 사회문제나 빈곤의 해결방법을 개인이 아닌 지역사회조직화로부터 찾고자 함
- 인보관 활동에서 그 뿌리를 찾을 수 있음
- 특히 지역사회문제에 초점을 두고 이데올로기적인 지역주민조직에 초점을 맞춘 지역사회조직형성, 지역사회 구성원 스스로의 조직을 통한 문제해결을 초점을 둔 알린스킨의 지역사회조직활동(지역조직운동)이 시도됨
- 1939년 지역사회조직이 사회복지실천의 방법으로 공식화됨

④ 공공 복지사업의 마련

- 갑작스러운 대공황 등으로 인해 복지수요가 급증됨
- 기존의 민간 복지서비스로는 이를 담당하기 부족하여 연방정부의 개입이 확산됨에 따라 지역사회의 사업들도 정부기관으로 이양되거나 연방정부 단위의 사업

으로 확대됨
- 지역사회복지에 대한 민간과 정부 간 상호협력의 필요성이 대두됨

3) 지역사회복지의 정착기(1960년대 이후) ★★★

① 사회개혁을 위한 연방정부사업 실시
- 1960년대 빈곤과의 전쟁이 인종문제와 결합하면서 사회적 쟁점으로 부각되었고, 이에 대한 연방 정부의 책임이 더욱 확대됨
- 1965년 헤드스타트 프로그램(Head start program)이 도입됨
- 지역주민의 참여를 통한 지역사회 결속력 강화와 통합추구, 지역사회 자원의 합리적 배분과 지역사회 변화에 관심을 가지게 됨
- 시민권 운동으로 성장하게 됨
- 지역사회행동프로그램(CAP: Community Action Program)
- 지역사회주민들은 조직화하여 자신들의 당면한 문제를 직접 해결하도록 유도
② 1970년대 이후 사회복지에 대한 정부지원 축소
- 신보수주의 이념의 확산에 따라 복지국가에 대한 도전이 일었던 시기로 사회복지사는 미시적 임상과 거시적 행정으로 양분화 됨
- 심한 인플레이션과 석유파동 등으로 각종 복지프로그램들이 축소되는 양상을 보이게 되었으며, 사회복지에 대한 정부지원이 대폭 축소됨

2. 한국 지역사회복지의 역사 ★★★

1) 일제강점기 이전

전통적인 지역사회복지 활동은 촌락 단위의 자발적이고 자생적인 전통 인보상조 관행과 정부에 의한 공식적 인보제도로 구분할 수 있음
① 전통 인보상조 관행(촌락 단위의 복지활동)
- 계: 주로 경제적인 도움을 주고받거나 친목을 도모하기 위하여 만든 상부상조의 민간 협동체

- 두레: 농민들이 농번기에 농사일을 공동으로 하기 위하여 부락이나 마을 단위로 만든 조직
- 품앗이: 힘든 일을 서로 거들어 주면서 품을 지고 갚고 하는 것으로 오늘날 공동 육아와 유사한 형태
- 향약: 조선 시대에 권선징악과 상부상조를 목적으로 만든 향촌의 자치 규약
- 공굴: 마을 안에 중병자나 불구자, 과부, 초상당한 사람의 농사를 같은 마을 사람들이 공동으로 지어 주는 것
- 향도: 상여를 메는 사람이란 뜻에서 유래된 것으로, 마을에 흉사가 있을 때 무보수로 봉사
- 부조: 오늘날 금품공여와 같은 형태, 마을에서 누군가가 집을 지을 때 일할 도구와 점심을 들고 가서 도와주는 것

3. 일제강점기 지역사회복지

지역사회복지 사업이 싹트기 시작한 시기로 일본이 한국농업을 식민지적 구조로 변경하기 위해 산미증산 계획, 토지조사 사업 등을 실시함으로써 전통적인 자생 복지활동은 위축 및 해체됨

1) 일제 강점기 지역사회복지의 주요 내용

(1) 조선구호령 실시(1944년)

해방 후 1961년 생활보호법 제정으로 폐지되었지만, 근대적 공공부조 제도의 기본이 된 법

(2) 조선사회사업협회(1929년)

현대적 의미의 협의회와 유사한 기능을 가진 조직으로 사회사업 상호 연락, 조사연구, 강습, 강연회, 지식교환 등의 활동

2) 해방 이후 지역사회복지 ★★

이 당시 한국전쟁을 거치면서 외국의 원조기관들이 전쟁고아들을 위한 활동으로

시설보호와 빈민구호 활동에 주력하면서 지역사회복지의 초보적인 틀이 마련될 수 있었음

(1) 사회복지공동모금 발전

① 빈민과 빈곤아동에 대한 구호활동을 목적으로 모금 행위들이 자발적으로 이루어 졌지만, 문제점 규제로 1951년 기부금품모집금지법이 제정됨
② 사회복지사업법(1970)에서 공동모금회 설립을 규정함에 따라 민간주도의 공동모금 운동(1971)이 전개되었지만 관심과 여건 부족으로 확산되지 못함
③ 주 대상은 지역사회 전체로 모금하고, 지역을 위한 활동에 배분하고 집행하였다는 점은 지역사회복지 활동에서 참여자들이 자발적으로 참여를 했다는 점에서 의의 가 있음

(2) 외국민간원조기관 활동 ★★★

① 외국민간원조단체 한국연합회(KAVA: Korean Association of Voluntary Agencies)
 – 우리나라에 보건, 교육, 생활보호, 재해구호 또는 지역 사회개발 등의 사회복지 사업을 진행한 비영리적 사회사업기관
 – 그 사업자원이 외국에서 마련되고 외국인에 의해 운영된 기관임
② KAVA의 사업내용
 – 전쟁 난민 및 고아를 주 대상으로 돕기 위하여 시설보호 사업으로 시작됨
 – 보건 · 교육 · 지역개발사업 및 전문 사회복지사업을 전개함
 – 사업추진에 있어 정부기관에 유대를 가지고 효과적으로 협조함
③ 우리나라 복지사업에 미친 영향
 – 우리나라 민간 복지사업의 주축을 이루었음
 – 우리나라에 사회사업(복지)라는 새로운 학문이 도입되게 한 시초임
 – 원조의 중복을 피하고 미국식 전문사회사업의 실천방법과 관련된 이론을 국내 에 소개하는 데 중요한 역할을 함

4. 우리나라의 지역사회복지 발달과정

① <u>1983년 사회복지사업법 개정</u>으로 사회복지관 운영에 대한 국고보조가 시작됨
② <u>새마을 운동은 정부주도로 펼쳐진 사업임</u>
③ 1970년대는 빈민 지역운동을 중심으로 지역사회조직사업이 활발히 전개된 시기
④ <u>1980년대 후반 정치적 민주화가 시작되고</u>, 다양한 분야에서 지역운동이 전개됨
⑤ 지역의 사회 자본을 확대하고자 하는 지역통화 운동은 1990년대 이후부터 전개

01) 미국 지역사회복지의 역사적 특징으로 옳은 것은? (16회 기출)

① 대공황 이전에는 공공이 지역사회복지실천의 주요 전달체계를 담당하였다.

② 케네디와 존슨 행정부의 '빈곤과의 전쟁'은 사회복지의 지방정부 역할과 책임을 강조하였다.

③ 1970년대 인종차별 금지와 반전(反戰)운동은 지역사회조직사업을 촉진하였다.

④ 1990년대 '복지개혁(Welfare Reform)'은 풀뿌리 지역사회조직활동을 강조하였다.

⑤ 오바마 행정부는 연방정부 중심의 지역사회복지 프로그램 평가에 주안점을 두었다.

☞ 해설

1970년대 인종차별 금지와 반전(反戰)운동이 지역사회조직사업을 촉진하였다.

정답: ③

02)조선시대 흉년으로 인한 이재민과 빈민을 구제한 국가기관은? (15회 기출)

① 향약   ② 활인서

③ 진휼청   ④ 기로소

⑤ 동서대비원

☞ 해설

진휼청은 조선시대 물가조절과 빈민구제를 담당하였던 국가기관. 농민의 재생산 구조가 취약한 자연경제 아래에서 물가, 특히 곡물가격을 조절, 빈민을 구제, 봉건국가의 수취 기반을 지속적으로 확보하기 위한 중요한 정책이다.

① 향약: 지역사회의 발전과 지역 주민들의 순화, 덕화, 교화를 목적으로 한 지식인들 간의 자치적인 협동조직.

② 활인서: 조선시대 빈민들의 구제와 치료를 맡던 관청. 의료활동 외에 무의탁 환자

수용, 전염병 발생했을 때 병막을 가설, 환자를 간호, 음식과 의복·약 등을 배급하였으며, 사망자가 있을 때 매장까지 담당했던 관청.

④ 기로소: 조선시대 정이품 이상 관직을 지낸 70세 이상의 고위 문신에 대한 예우를 위해 설치된 관청. 오늘날의 경로당에 해당.

⑤ 동서대비원: 환자의 치료가 주요 업무, 기한자(飢寒者: 굶주리고 헐벗어 배고프고 추위에 떠는 사람)나 무의탁자를 수용.

정답: ③

제6장
|
지역사회복지의 주요 이론(1)

1. 갈등이론 ★★★

1) 특성
① 사회발전의 과정은 사회 내에서 권력을 가진 계층과 그 힘을 가지지 못한 계층 간
   의 갈등을 해결해 나가는 과정임
② 사회 내에서 갈등
   - 경제적 갈등, 이익집단 갈등, 문화적 가치나 신념의 가치로 인한 갈등, 세대 간의
     갈등, 지역 간의 갈등 등 다양하게 존재함
③ 갈등이론은 기능론이나 사회체계이론과 달리 사회가 분열되어 있다고 봄
   - 사회가 일시적인 안정을 이루는 경우는 있지만, 이 안정도 한 집단이 다른 집단
     을 성공적으로 지배함에 따라 나타나는 일시적인 안정일 뿐이라고 봄
④ 대표학자: 알린스키(Alinsky)

2) 지역사회실천에의 적용
① 권력, 경제자원 권위 등 재분배

② 갈등 속에서 민주적인 지역사회로 탈바꿈

③ 경제력(힘) 자원동원 의사결정권한을 약한 자에 이양- 조직적 결성, 대항

④ 권력구조, 권력관계 지향 분석 약자들 자원과 힘의 획득, 조직결성과 대항

3) 한계와 문제점

자원의 재분배와 타협, 협상의 과정이 원활하지 않을 경우 지역사회 전체의 발전이 정체될 수 있으며, 지역사회의 긴장이 고조될 우려가 있음

4) 갈등을 해결하기 위한 방법 ★★

① 회피

② 타협

③ 조정과 재판

2. 구조기능론

1) 특성

① 지역사회의 기능은 생산 · 분배 · 소비 · 사회화 · 사회통제 · 사호통합 · 상부상조로 구분됨

② 사회는 여러 부분으로 구성되어 있으며 각 구조들은 합의된 가치와 규범에 따라 움직이고 변화되며 균형과 안전을 지향하며 움직인다는 관점임

③ 지역사회를 하나의 체계로 봄

④ 사회체계론과 같은 맥락으로 이해할 수 있음

⑤ 대표학자: 콩트(comte), 뒤르켐(Durkheim), 파슨(parsons) 등

2) 지역사회실천에의 적용 ★★

① 지역사회조직-기능수행 활성화

② 하위체계를 독립적으로 인정, 평가

3) 한계와 문제점

지역사회의 유지와 균형에 관심을 가지고 있지만, 지역사회의 변화나 지역사회에서의 자원과 권력을 둘러싼 하위체계 간의 갈등을 설명하는 데에는 한계가 있음

〈 기능이론과 갈등이론의 비교 〉

구분	기능이론	갈등이론
관계	상호의존, 통합	경쟁, 대립
사회형태	안정지향	변화지향
주요결정방법	합의를 통한 결정	이데올로기에 의한 주입
지위배분	개인의 성취	지배계급에 유리
변화	점진과 누진적	급진과 비약

3. 생태(체계)이론 ★★★★

1) 특성

① 환경 속의 개인은 사회복지사가 클라이언트의 사회적 기능관련 문제를 설명하고 분석하기 위한 관점으로 개인과 환경에 대한 이중초점을 갖는 사회복지실천의 핵심개념임

② 가족, 지역사회, 문화 등 인간을 둘러싼 생태환경을 보다 체계적으로 구조화 하고 이들 환경체계와 개인의 발달 간의 관계를 이해함

③ 사람을 자연스런 환경과 생활 속에서 이해해야 함

2) 지역사회실천에의 적용

① 지역사회를 생태계로 인식– 모든 것들이 서로 연관, 영향을 주고받고 있음(거시적 관점)

② 지역사회와 지역사회 간의 상호작용에도 초점

③ 경쟁, 중심화, 분산: 지역사회 변화과정을 역동적

④ 자원의 집중도, 인구의 분포, 저소득층의 밀집과 배제의 상황, 지역의 성장, 역동성 파악

⑤ 환경 변화를 제시

3) 한계와 문제점

① 환경에 대한 '적응'으로 체계의 안정성을 지향함

② 문제적 환경에 대한 저항이나 변화를 적극적으로 추구하지 않고 대안 제시에는 한계점을 지니고 있음

4. 사회체계이론

1) 특성

① 체계는 상호의존적이며 상호작용을 하는 부분들로 구성되는 전체 또는 부분들 간에 관계를 맺고 있는 일련의 단위들을 의미함
   - 가족, 조직, 지역사회, 문화 등이 포함됨

② 이근흥: 전체는 부분들의 집합 이상으로 부분들 간의 상호작용과 상호의존적 관계를 통해서 체계의 한 부분의 변화는 전체로서의 체계와 체계 내의 모든 부분에 영향을 미친다고 봄

③ 체계이론에서 말하는 하위체계란 독립적으로 존재하면서도 유기적으로 상호작용을 하는 부분들을 말함

2) 지역사회실천에의 적용

① 지역사회 내의 문제, 대상 집단의 욕구를 해결: 거시적 맥락 문제를 둘러싼 다양한 체계

② 각 체계와의 상호작용 과정에서 문제점 파악

3) 한계와 문제점

① 지역 사회를 매우 유기적으로 잘 짜여 있는 시스템으로 보고 있으나, 실제로 현실의 지역사회가 그렇지는 않기 때문에 이론을 적용하기에 어려움이 있음
② 구조 기능주의와 마찬가지로 지역사회의 균형과 유지에 초점을 맞추고 있어 지역사회의 변화 및 갈등을 설명하는 데에는 한계가 있음

5. 자원동원이론

1) 특성
① 자원의 확보와 활용에 의해 성공이 달라지며, 성공하기 위해서는 많은 자원을 확보해야 함
② 자원의 정도와 범위에 따라 활동의 역할과 한계가 규정된다는 이론임
③ 사회운동의 성패는 조직원의 충원, 자금조달, 적절한 조직구조를 개발하는 능력에 달려있음. 즉, 자원의 유무에 따라 사회운동의 성패가 달라질 수 있음
④ 사회운동이 성공적으로 이루어지기 위해서는 조직원들의 집합적 정체성 형성을 돕고, 조직원들의 헌신을 이끌어낼 수 있는 환경을 조성해야 함

2) 지역사회실천에의 적용
① 지역사회현장 사회적 약자의 권익을 옹호 활동, 대변 사회운동 조직 행동화, 중요한 이론적 토대
② 지역사회 내에서 어떠한 자원이 어디에 있는지, 누구와 함께 정체성 공유, 어떻게 알릴 것인지 확인, 만들어지는 것
③ 지역사회복지의 실천: 교환의 장
④ 상담, 지역중심 서비스, 기부금, 재정지원, 정보, 정치적 권력, 의미, 힘
⑤ 교환관계의 단절, 불균형, 교환자원이 부족, 고갈 상태에 빠지거나, 가치저하 현상을 보이면 지역사회 문제가 발생

6. 상호조직이론

1) 특성
① 조직 상호간의 지지, 조정, 협력 지역사회의 원동력이 될 수 있음(조직)
② 생존, 번영을 위해 더 큰 조직(집단)의 연결망, 교환의 장 안에서 위치해 있어야 한다는 것을 기본전제로 함(과업환경에 대한 이해를 강조)
③ 서비스의 중복 방지, 자원의 분산을 최소화 할 수 있다는 것임

2) 지역사회실천에의 적용
① 한정된 자원을 확보하는 경쟁은 지역사회의 발전을 저해하는 요인
② 조직들은 각각의 영역을 구축, 상호협력과 조정을 통해 지역사회의 욕구를 해결
③ 사회복지사는 조직과 조직을 연결: 조정자, 중개자

7. 인간행동이론

1) 특성
① 지역사회라는 체계나 구조 및 그 안에 이루어지는 관계에 대한 이해보다는 지역사회 변화 핵심, 주체로서 인간의 행동에 주목
② 인간이 지역사회에서 어떻게 행동, 인간의 욕구, 어떻게 해결, 어떤 가치가 인간의 행동을 이끌어내는지 등에 관심 가짐
③ 지역사회에서 살아가는 인간의 행동에 대한 동기를 밝혀냄으로써 지역사회 발전의 역량 강화
④ 상호행동, 집단의 동질성, 가치, 욕구, 등의 개념을 강조
⑤ 인간의 행동 가변적, 지역의 구조적 측면, 상황과 분리하여 볼 수 없다는 점: 한계

2) 지역사회실천에의 적용
① 지역사회 변화의 원동력: 지역주민

② 지역주민의 개별적인 욕구, 지역주민들 사이에 내재되어 있는 집단의 동질감, 공
　동의 가치 등을 파악함으로써 지역사회에 대한 이해

01) 다음은 도농복합지역 A시의 최근 10년간 사회지표 분석결과다. 이를 설명하는 이론은? (16회 기출)

> 원 도심 지역은 공동화가 이루어지면서 노인 가구 및 1인 가구 증가율이 급상승한 반면, 농촌지역은 공공기관 이전으로 인구의 평균연령이 낮아져 A시가 계층화되고 있는 것으로 나타났다.

① 생태체계이론　　　　　　② 사회연결망이론
③ 사회구성론　　　　　　　④ 사회교환이론
⑤ 다원주의이론

☞ 해설
생태체계이론은 인간과 환경에 둘의 상호작용에 초점을 맞추어 개인, 가족, 집단, 조직뿐 아니라 지역사회에 영향력을 살필 것을 강조한다.

정답: ①

02) 다음 사례를 설명할 수 있는 지역사회복지 이론은? (15회 기출)

> 사회복지관은 생존 차원에서 외부 재정지원을 필요로 하지만 재정지원자의 요구를 무시하기 어렵다. 이런 상황에서 A사회복지관은 기관운영 재원을 마련하기 위해 다양한 후원 기관을 발굴하였고, 이를 통해 직원들은 사업운영의 자율성이 확대되는 것을 경험하였다.

① 생태학이론　　　　　　　② 사회구성론
③ 기능주의이론　　　　　　④ 권력의존이론
⑤ 사회체계이론

☞ 해설

권력의존이론은 지역사회의 발전은 권력의 소유 여부에 달려있다고 본다. 권력은 자원을 가진 개인이나 집단이 자원을 가지지 못한 개인이나 집단과의 관계에서 형성. 중앙정부와 지방자치단체의 권력관계는 소유한 자원의 크기에 의해서 지방자치단체가 중앙정부에 의존적일 수밖에 없다는 것이다.

정답: ④

제7장

|

지역사회복지의 주요 이론(2)

1. 교환이론 ★★★★

1) 특성

① 사람들 사이에 이루어지는 교환과정에 초점을 두고 사회적, 물질적 자원의 교환을 인간 상호작용의 근본 형태로 파악함

② 개인이나 집단은 다른 집단이나 집단에게 무엇을 주는 대신 다른 보상을 얻으려고 하거나 얻을 수 있다고 생각할 때 상호작용이 일어남

③ 쌍방 간에 교환의 행위가 반복이 되면 개인이나 집단 간의 사회적 관계는 더욱 강화됨

2) 호만스(Homans)의 교환이론

사람들은 교환과정에서 돌아올 보상과 지불해야 될 비용을 면밀히 검토하여 최소의 비용으로 최대의 보상을 얻을 수 있는 길을 선택함

① 보상이나 이익은 관계에서 도출되는 긍정적인 결과를 가리킴

② 심리적 안정, 사회적 지위, 만족감, 사람에게서 받는 인정이나 동정과 같은 심리적

결과물을 비롯하여 경제적, 물질적 이득까지 포함됨

③ 보상의 획득에는 언제나 비용이 따름

④ 비용이 보상보다 커지게 되면 관계는 유지되지 않음

3) 블라우(Blau)의 교환이론

① 경제적 관점의 교환이론에 권력분석을 추가한 블라우의 교환이론은 관계 안에서 권력이 형성된다고 보며, 미시적인 수준에서 출발해서 사회구조와 조직까지 연결함

② 인간의 사회적 행동이 어떠한 경로를 통해 사회적 유대(평등의 관계) 또는 차별적 지위구조(불평등의 관계)를 만들어 내는지에 관심을 가짐

③ 어느 단계에서 성원들이 불충분한 보상을 받고 있다고 느끼거나 권력이 성원들이 인정한 것 이상으로 행사될 때에는 갈등과 불만이 폭발해서 조직은 불균형 상태에 빠짐으로써 구조적 변화를 일으킴

④ 사회생활을 균형과 불균형의 변증법적 과정으로 봄

4) 하드캐슬(Hardcastle)의 권력균형전략

권력불균형을 시정하고 다른 집단이 가지고 있는 자원을 얻기 위해 이해당사자들이 채택하게 되는 전략들임: A와 B사이의 교환 관계에서 발생하는 불균형을 수정하기 위한 전략

① 경쟁
  - A가 필요로 하는 자원을 B가 독점하는 경우 A는 B에 종속
  - 이때 B는 권력을 행사하게 됨
  - 이 경우 A는 B와의 교환을 포기하고 C, D를 통해 자원을 구함으로써 B와의 종속관계에서 벗어날 수 있음

② 재평가
  - B의 자원에 대한 관심이 높았지만, A의 가치관이나 목표의 변화로 관심이 낮아짐
  - B는 A에 대한 권력관계를 유지하기 위해 자원을 보강하거나 또 다른 유인책을

사용함으로써 A의 낮아진 관심도를 되돌리기 위해 노력할 수 있음

③ 호혜성: A와 B가 서로에게 필요한 교환관계임을 인식하도록 하는 것

④ 연합: A는 혼자서는 부족한 힘을 키우기 위해 B에 종속된 C, D 등 다른 조직들과 연합하여 B의 권력에 대항할 수 있음

⑤ 강제(강압)

– 물리적인 힘으로 자원을 장악하는 전략

– B의 자원을 얻을 수 없을 때 A가 물리적인 강제력을 동원하여 빼앗는 방법이기 때문에 윤리적인 문제가 발생할 수 있음

– 따라서 이 전략은 사회복지사가 쉽게 선택해서는 안 되는 전략이기도 함

5) 지역사회복지실천에의 적용

① 지역사회복지의 실천: 교환의 장

② 상담, 지역중심 서비스, 기부금, 재정지원, 정보, 정치적 권력, 의미, 힘–교환자원

③ 교환관계의 단절, 불균형: 교환자원이 부족, 고갈 상태에 빠지거나, 가치저하 현상을 보이면 지역사회 문제가 발생

2. 엘리트주의(Elitism)

1) 특성

① 소수의 기업인 관료 정치가들(엘리트집단)이 자신의 이익을 위해 지역사회를 지배함

② 지역사회 내 주요 의사결정권한이 소수에 집중되어 있어 빠르고 신속한 결정을 할 수 있음

③ 엘리트이론에 의하면 입법가, 정부관료 등 공식적인 정책결정자들이 정책을 결정하는 것 같지만 실제로는 보이지 않는 지배엘리트들이 그들의 선호와 가치에 따라 결정함

2) 지역사회복지실천에의 적용

① 지역사회복지 시스템 활동 방향, 내용 결정
② 많은 자원을 동원, 역량이 있어서 큰 규모의 지역사회 관련 사업을 추진

3) 한계와 문제점

① 소수의 집단이나 사람을 인정하지 않고 신경을 쓰지 않는다. 엘리트집단들은 권력을 독점하여 행사함
② 지역사회 내 다양한 집단들과 직접 소통하지 않아 지역주민의 기본 욕구를 의사결정에 충분히 반영하기가 어려움

3. 다원주의(Pluralism) ★★★

1) 특성

① 대표학자로는 슘페터(Schumpeter)와 달(Dahl)이 있음
② 권력은 다수에게 분산시키고 여러 각각의 이익집단들은 서로의 의견을 조율하여 결정해야 함
③ 다원화된 현대사회에서 개개인은 특정 목표를 중심으로 여러 집단과 조직을 구성하면서 이익을 표출하는 것을 통해 정책과정에 영향을 끼칠 수 있다는 것임
  – 다양한 이해관계를 대표하는 지도자들을 의회나 정부에 보냄으로써 자신들의 이해관계를 정책결정에 반영시킬 수도 있다는 것임
④ 사회복지정책은 개개인과 집단의 이익대결과 갈등을 정부가 공정하고 종합적인 입장에서 조정한 결과로서의 균형을 의미함

2) 지역사회복지실천에의 적용

① 전문성 등에 기반을 둔 다양한 사람들이 참여함, 다원화 경향
② 지역복지에 대한 영향력을 행사 집단들이 다원화, 시민들이 실제로 큰 권력, 정책 결정 과정에 영향력을 행사

③ 지역사회문제: 시민집단이 갖는 이해관계, 영향력 등 정확한 이해, 관련 전문가들의 영향력 등 정확한 이해는 지역사회의 현실 더 정확히 이해, 지역사회복지 실천 과정 효과적, 효율적 발전기여

4. 사회구성론(사회구성주의 이론)

1) 특성
① 소수의 의견도 존중해주고 수용해야 한다는 이론
- 한 사회를 지배하는 주요 이데올로기가 어떻게 만들어지고 유지되고 내재화되는지에 초점을 맞추고 있음
② 지식의 객관성을 강조하는 전통적인 실증주의를 비판함
- 즉, A와 B는 다르지만 서로를 존중해줘야 한다는 이론. 지식은 특정한 역사적 · 사회적 맥락 속에서 다양한 상호작용과 대화를 통해 만들어진다고 봄
③ 사회현실에 관한 기존 지식이 지배집단의 이익을 대변하는 경향에 대해 비판적임
④ 개인이 처한 사회나 문화 속 맥락에 따라 현실의 문제나 상황을 구성 또는 재구성할 수 있다는 관점임
⑤ 사회복지사와 클라이언트의 만남은 새로운 현실을 창조하는 맥락이며, 본질적으로 개방적이고 언어나 상징적 행위들에 의해 만남의 성격이 결정된다고 봄

2) 지역사회복지실천에의 적용
① 정치적, 문화적, 개인적 역사에 대하여 통찰(전문적 개입에 미치는 영향 민감성)
② 지역사회 구성원, 클라이언트와 처음 만나는 순간 그들의 사회적 의미 구성에 참여(현실문제에 대해 공동구성)
③ 지금 여기 현실을 중요시, 지역사회 구성원, 클라이언트, 공유하는 언어, 몸짓 등 상징

3) 사회구성론의 관점에서 사회복지사가 고려해야 할 사항

① 역사, 문화, 사회적 맥락과 구조에 관심

② 권력기관, 제도의 억압적인 영향에 대하여 이해, 지식과 이론을 개발

③ 사회, 경제, 정치적 구조에 대한 이해, 클라이언트의 문화적 가치, 규범

④ 다양한 문화: 지속적, 집중적 대화과정 강조

⑤ 소수자에 대한 억압구조를 해석: 지속적으로 수행, 지식의 축적, 이론적 발달에 노력

5. 권력의존이론 ★★

1) 특성

① <u>자원의 크기에 따라 자원이 없는 사람은 자원이 많은 사람에게 의존할 수밖에 없다는 이론임</u>

　－ 예: 중앙 정부와 지방자치단체 사이에 서로 다른 자원의 크기에 의해 지방자치단체는 중앙정부에 의존적일 수 있다는 관점

② 권력의존이론은 지역주민이나 집단 또는 조직의 힘의 소유여부가 지역사회의 발전에 중대한 영향을 미친다는 것을 강조함

　－ <u>지역 안에 존재하는 조직들이 어떻게 힘을 얻고 또 분산시키는지를 이해하는 데 사용될 수 있음</u>

6. 사회연결망 이론

1) 특성

① 체계주의 관점에서 볼 때 교환에 개입: 사람, 집단, 조직들로 구성된 하나의 사회적 체계

② 다른 조직 및 사람과 도움 주고받기 위해 형성된 관계 구조: 사회적 교환체계 기능

③ 구체적인 정보, 물질적 지원 등 포함: 소속감, 돌봄 등의 지지를 제공, 사회적 지지 체계로서 기능

④ 다양한 욕구를 지닌 지역주민에게 통합된 서비스를 제공해 줄 수 있도록 하나의 통합된 연합구조

2) 지역사회복지실천에의 적용

① 지역주민들이 문제를 인식, 문제에 대해 소통하는 장, 문제해결을 위해 참여하는 장

② 사회복지조직 및 유관기관 간에 서비스의 조정, 협력, 공유 등을 기능

7. 사회학습이론

1) 특성

① 인간행동이론 영향을 받은 이론: 지역주민에게 영향을 주는 지역사회 및 환경에 대한 학습을 통해 주민들의 역량을 강화(지역사회의 발전을 이끌어낼 수 있다고 봄)

② 인간은 자극, 인식을 바탕으로 행동과 결과를 이끌어 냄

③ 지역주민들은 문제를 인식함으로써 행동하게 되고 그 행동이 지역사회의 발전으로 이어짐

④ 집합적 확산 목적: 성취하기 위한 집단의 능력에 대한 집단 구성원들이 공통으로 가지고 있는 인식(상호 영향을 주는 관계)

2) 지역사회복지실천에의 적용

① 사회복지사는 스스로 문제를 인식, 행동: 지역사회복지실천에 이바지

② 사회복지사가 강한 개인적 확산을 토대로 지역주민들의 집합적 확신을 높이게 된다면 결과의 성공을 높일 수 있음(사회행동모델에 이론적 기초)

01) 다음 설명에 해당하는 지역사회복지 실천이론은?　　　　(17회 기출)

> A 사회복지사는 결혼이주여성들을 지원하는 과정에서 그들의 행동에 영향을 미쳤던 자국의 사회, 경제 및 정치적 구조를 이해하고 그들의 문화적 가치와 규범에 대한 의미를 해석해야 한다.

① 사회연결망이론
② 사회교환이론
③ 사회구성론
④ 권력의존이론
⑤ 갈등이론

☞ 해설

사회구성론은 한 사회를 지배하는 주류 이데올로기가 어떻게 만들어지고 유지되고 내재화 되는지에 초점을 맞추며, 사회체계는 상호 역동적 관계에 있는 개인들 사이에서 창조되고 건설된다고 본다. 이는 지역사회구성원이나 클라이언트와 공유하는 언어, 몸짓 등 상징을 강조하며, 문화적 가치와 규범에 대한 의미를 해석할 것을 강조한다.

정답: ③

02) 다음설명과 관련된 지역사회복지 이론은? (15회 기출)

> • 다양한 집단과 조직이 이익을 표출함으로써 정책과정에 영향을 미칠 수 있다.
> • 지역사회복지정책은 이익집단들 간의 갈등과 타협의 산물로 간주한다.
> • 지역사회복지정책 결정은 이익집단들의 상대적 영향력 정도에 따라 달라
>   진다.

① 구조기능론
② 교환이론
③ 상호작용론
④ 역할이론
⑤ 다원주의이론

☞ 해설

다원주의이론은 사회복지정책의 내용과 형태가 이익집단들의 상대적 영향력의 정도
에 따라 달라진다고 보기 때문에 이러한 이익집단들 간의 갈등과 타협의 산물로 간주
한다.

정답: ⑤

제8장
|
지역사회복지실천모델(1)

1. 지역사회복지 실천모델의 모델

1) 로스만(Rothman)

지역사회복지실천모델의 <u>목표를 과업중심과 과정중심으로 구분</u>하였으며, 던햄 (Dunham)은 기존의 로스만의 모델에서 관계중심 목표를 추가하여 설명함

2) 던햄(Dunham)

(1) 과업중심의 목표

기존의 로스만의 모델에서 관계중심 목표를 추가하여 설명함

① 성과(혹은 결과)에 초점을 맞춤

② 지역사회가 가진 문제나 욕구를 해결하기 위해서는 구체적인 사업을 완성 또는 지역사회의 기능과 관련된 문제해결에 관심을 가져야 함

- 이를 위해 기존의 서비스를 제공하거나 새로운 서비스를 만들거나 입법 활동을 통해 문제해결의 토대를 마련해야 함

- 즉, 어떠한 결과물(법)을 만들어 내는 과정임

(2) 과정중심의 목표

① 지역사회의 개입을 위한 즉 시작하기 위한 것으로 구체적 수단과 방법에 초점을 맞춤

② 지역주민의 참여와 역량 등을 강화하여 그들이 문제를 보다 효과적으로 해결할 수 있도록 도와줌

〈 로스만의 세부 목표 〉

① 집단 간의 협동관계 수립
② 자치적인 구조 창조
③ 문제를 해결하는 데 필요한 역량기반 향상
④ 지역사회의 일에 대해 관심과 참여 유도
⑤ 공동사업에 대한 협력 및 지지
⑥ 그 지역사회 내의 구성원 중 지도자를 형성시켜 토착적인 지도력 증대를 도모

(3) 관계중심의 목표

① 의사결정권은 누구나 가지고 있으며 관계를 위하는데, 이때의 의사결정권은 분배에 있어 변화를 추구하게 됨

② 지역사회 구성요소 간의 사회관계에 있어 변화를 시도하는데 역점을 둠

2. 로스의 모델

1) 특징

① 지역사회개발모델을 강조하고 있기 때문에 동질성이 강하고 전통성을 지닌 농촌지역이나 도시의 영세지역 개발을 위해 더 적절함

활동을 전개하는 주체로 어떤 종류의 구조나 사회조직체를 강조하면서 '추진회'가 필요하다고 강조함

③ 추진회는 문제 해결을 위해 지역주민들에 의해 설립된 조직체로, 주민들의 욕구가
   표현되고 목표가 설정되고 사업이 추진됨
   - 추진회가 어떻게 기능하느냐에 따라 목표의 달성정도는 달라짐

2) 추진회의 원칙
① 지역사회의 불만으로부터 추진회가 결성됨
② 불만은 지역주민들에게 인식이 되어야 함
③ 특정 문제에 관한 계획을 세우고 실천에 옮길 수 있도록 집약되어야 함
④ 공식 또는 비공식적 지도자들을 참여시켜야 하며, 지도자들은 능력과 안정성을
   가지고 지역사회로부터 신임을 얻어야 하고 효과적인 지도자를 개발하는 데 힘써
   야 함
⑤ 지역사회주민들로부터 지지를 받을 수 있는 목표를 세우고 운영방법을 활용해야 함
⑥ 공동체가 형성될수록 성공가능성이 높음
⑦ 지역사회에 존재하는 현재적, 잠재적 호의를 활용해야 함

3. 로스만(Rothman)의 3가지 모델 ★★★★
로스만(Rothman)은 지역복지 활동을 지역사회개발, 사회계획, 사회행동으로 구분하
였는데 이 모델은 전형적인 지역사회복지 실천모델로 인식됨

1) 지역사회개발모델(Community Development Model) - 주민과 전문가 함께 ★★★
지역사회복지의 실천 모델에서 지역사회의 문제해결 과정에 협동적 관계의 확립을
중시하는 과정중심목표를 강조하는 모델로 지역사회의 변화를 위해서는 지역사회를
구성하는 지역주민, 단체 등 그들의 참여가 중요하다는 전제를 가지고 있음

(1) 특징
① 지역사회의 변화를 위한 주민참여 강조함

② 과업 지향적 소집단 활용함

③ 자조정신, 자발적 협동, 민주적 절차, 교육, 토착 지도자 개발 등을 강조함

④ 지역사회 내 다양한 집단의 상호이해 및 상호조화가 가능하다고 보며, 이를 중요 시함

⑤ 과정중심 목표에 초점을 둠

⑥ 전술: 합의, 대화, 집단토의

⑦ 사회복지사의 역할: 촉매자, 조정자, 교육자 등

⑧ 변화의 매개체: 과업 지향적 소집단 활용

(2) 한계와 문제점

① 모든 구성원들의 합의와 참여를 도출해내기 어려움

② 전문가, 권력가들은 합의나 협상의 과정에서 권력구조의 한계로 인해 거부나 방해 를 받을 수 있음

2) 사회계획모델(Social Planning Model) – 하향식, 전문가 ★★★

지역사회 문제의 구체적이며 효율적 해결과 예방을 최우선 목표로 하는 과업중심목 표를 강조하는 모델. 사회문제 해결에 있어서 기술적 합리성과 전문성을 지닌 전문 가, 계획가의 역할을 중요하게 고려하며 합리적인 계획수립과 기술적 과정, 통제된 변화를 강조함

(1) 특징

① 사회문제 해결에 초점을 둠

② 전문가에 의한 조사 · 분석, 대안모색, 합리적 · 체계적 계획 수립 및 실행을 함

③ 지역사회 내 집단 사이에 발생하는 갈등에 관심을 두지 않음

④ 과업중심 목표에 초점을 둠

⑤ 전술: 문제분석, 사정, 목표설정, 실행, 평가(상황에 따라 합의, 갈등 활용)

⑥ 사회복지사의 역할: 계획가, 전문가, 분석가

⑦ 변화의 매개체: 관료조직, 공식조직 중시

(2) 한계와 문제점

① 정치적 영향력을 고려하는 데 한계가 있음

② 전문가들이 합리적이고 포괄적 대안과 계획수립을 위한 시간과 자원을 확보하지 못할 시 한계에 부딪힐 수 있음

3) 사회행동모델(Social Action Model) - 상향식, 지역주민

지역사회에는 권력과 자원의 불평등한 관계가 존재한다는 갈등이론적인 입장을 기반으로 하고 있으며 지역주민들이 사회정의나 민주주의 입각해서 행동을 취하기도 하는데 이때는 과정이 무시되기도 함

(1) 특징

① 지역사회에 존재하는 권력관계와 불평등에 초점을 둠

② 공정한 자원 분배를 요구함

③ 사회정의와 민주주의에 입각하여 기존 구조의 변화를 모색함

④ 피지배집단 내지는 억압받는 집단의 조직화를 강조함

⑤ 권력집단과 피지배집단은 서로 이해관계가 상충되어 화합할 수 없다고 전제하고 있음

⑥ 과정중심 목표와 과업중심 목표 모두 강조하고 있지만 과업목표가 더 중시되는 경우가 있음

⑦ 전술: 갈등 및 대결, 항의, 시위 등 다수의 대중 규합

⑧ 사회복지사의 역할: 옹호자, 행동가, 중재자, 조직가

⑨ 변화매개체: 대중조직, 정치과정

(2) 한계와 문제점

① 위험한 상황이 발생할 수 있기 때문에 관련기관들이 실제로 참여하기를 주저함
   - 예: 불법성 논란, 윤리적 차원 문제 발생 등

② 과업과 과정을 모두 중시하지만 과정목표가 무시되기도 함

〈 지역사회 모형의 목표에 대한 차이점 〉

지역사회개발 모형	지역사회의 활동능력 향상과 통합, 자조(과정)
지역사회계획 모형	지역사회문제 해결 (과업)
지역사회행동 모형	권력관계의 자원의 변화 기본적 제도 변화(과정과 과업)

01) 로스만(J. Rothman)의 지역사회복지 실천모델 중 지역사회개발모델에 관한 설명
으로 옳은 것은? (15회 기출)
① 사회복지사의 역할은 분석전문가이다.
② 수급자 역할의 개념을 소비자로 본다.
③ 변화전술과 기법은 합의와 집단토의이다.
④ 수급자 체계 범위는 약물중독과 같은 특정 집단이다.
⑤ 제도의 변화를 목표로 한다.

☞ 해설
지역사회개발모델의 변화전술과 기법은 합의(consensus)도출이며 지역사회 여러 집
단이나 이익단체 간의 상호교류와 집단토의이다. 정답: ③

02) 다음 내용에서 사용되고 있는 로스만(J. Rothman)의 지역사회복지 실천모델의
적용으로 옳은 것은? (14회 기출)

사회복지사로 종사하는 '갑'은 지역 내에 독거노인들이 급격히 증가하면서 여
러 가지 생활 어려움에 직면해 있는 현실을 직시하고, 동시에 관련 자료의 수집
및 분석과 분야의 전문가들을 만나서 설명과 그 문제해결을 위한 모임을 갖기로
하였다. 그리고 지역 주민들이 참여하는 토론회 개최 등을 통해 문제해결 방안
을 모색한다.

---

① 사회행동모델, 지역사회개발모델
② 사회행동모델, 사회계획모델
③ 지역사회개발모델, 사회계획모델
④ 지역사회개발모델, 사회운동모델
⑤ 사회운동모델, 사회계획모델

☞ 해설

② 사회계획모델: 사회문제를 해결하기 위해 관련 자료를 수집하고 분석하거나 전문
가들을 만나서 문제해결을 위한 해결책을 마련하는 것이다.

① 지역사회개발모델: 지역주민들이 참여하는 토론회를 개최하여 주민들 간 합의, 토
의를 하는 것이다.

정답: ③

제9장
|
지역사회복지실천모델(2)

1. 지역사회복지실천 모델의 비교(로스만의 3가지 모델)

	지역사회개발모델	사회계획모델	사회행동모델
개념	지역사회의 변화를 가장 효과적으로 이룩하기 위해서는 주민들을 변화의 목표설정과 실천행동에 참여시켜야 함	범죄, 주택, 정신건강과 같은 사회문제를 해결하고자 기술적 과정을 강조 함	• 지역사회의 주민들이 사회정의와 민주주의에 입각. 많은 자원과 향상된 처우를 그 지역사회에 요구하는 활동 • 지역사회의 기존 제도와 현실에 대한 근본적인 변화 추구
강조한 점	• 자조정신 강조 • 민주적인 절차 • 자발적인 협동	• 토착적인 지도자의 개발 • 문제해결을 위한 합리적인 계획수립과 통제된 변화 • 공식적인 계획과 준거틀에 대한 설계	권력, 자원, 지역사회의 정책 결정에 있어서 역할 등에 대한 재분배
사례	• 종합사회복지관의 지역개발 사업 • 노인복지관의 지역 활동 등		• 학생운동 • 여성해방, 여권신장운동 • 노동조합운동 • 소비자보호운동

→

	지역사회개발모델	사회계획모델	사회행동모델
목표	과정중심목표: 지역사회 통합과 협동적 문제해결 능력의 향상	과업중심 목표: 주요 사회 문제의 해결	• 과업중심 목표: 특정입법, 복지혜택 추구, 공공기관의 정책 변경 등 • 과정중심 목표: 구성원의 정치적 영향력 증대
문제 상황에 관한 전제	• 지역사회가 문제해결 역량의 결여 또는 부족으로 어려움을 겪고 있다. • 개발도상국의 지역사회는 소수 엘리트 집단이 좌우하며 일반 대중은 교육을 제대로 받지 못해 문제해결 기술이나 민주적 방법에 대한 이해가 부족	지역사회에는 빈곤, 주택, 고용, 보건, 비행과 범죄, 여가활용, 교통 등 수많은 사회문제가 산재	• 지역사회에 특권, 권력의 위계 존재 • 억압받고, 박탈당하고 무시당하는 무력한 주민들이 정부, 대기업, 사회 기존 체계 등에 의한 부조리와 착취로 고통 받고 있음
변화를 위한 전략	광범위한 주민들이 참여해서 자신들의 욕구를 결정하고 문제를 해결	문제에 관한 적절한 자료를 수집해서 문제해결을 위한 가능한 방안을 강구하자는 것	• 불리한 처지에 놓여 있는 주민들의 합법적인 적이 누구인가를 찾아내고, 집단행동을 조직하여 선택된 적대 집단에 압력을 가하는 것
변화를 위한 전술과 기법	• 합의 • 의견 교환과 토의를 강조	• 문제 확인, 사정, 목표개발, 실행, 평가 • 사실발견과 분석	• 갈등이나 대결 • 항의, 시위, 보이콧, 피케팅 등 비교적 다수의 대중을 규합
사회복지사의 역할	• 조력자, 격려자, 조정자, 교육자 • 촉진자	• 전문가, 계획가 • 분석가 • 프로그램기획, 평가자	• 옹호자, 행동가 • 중재자, 대변가 • 조직가
변화의 매개체	과업 지향적 소집단 활용	관료조직, 공식조직 중시	대중조직, 정치과정
권력구조에 관한 견해	• 지역사회 전체 • 권력을 쥔 사람도 지역을 향상시키기 위해 공동으로 노력	전문가의 후원자 또는 고용기관	클라이언트 밖에 존재하는 클라이언트 집단에 대한 반대세력 또는 강압세력
범위	지리적 측면에서 전체 지역사회	전체 지역사회 또는 지역사회 일부	억압을 받고 있는 지역사회 일부
이해관계에 관한 전제	• 상이한 집단, 계층에 이해관계가 상호조화 • 합리적인 설득, 대화, 상호 간의 호의로 쉽게 합의	• 지역사회 내 집단들 간의 갈등적인 이해에 크게 개의치 않음 • 실용적이며 특정 문제의 해결에만 관심을 가짐	구성 집단 간의 이해관계가 상충되며, 서로 조화를 이룰 수 있음

→

	지역사회개발모델	사회계획모델	사회행동모델
공공의 이익에 대한 개념	• 합리주의적, 중앙집권적 개념 • 협동적인 결정과정을 이용해서 주민의 일반적인 복지를 위해 여러 지역사회 집단의 이익을 반영	• 이상주의적, 중앙집권적 개념 • 계획전문가는 사회과학자들과 협의를 통해, 지식, 사실, 이론에 입각해서 공익을 대변하며, 개인의 정치적 이익이나 일반의 인기에 좌우되지 않음	현실주의적, 개인주의적 견해
집단에 대한 견해	• 아직 완전히 개발되지 않은 상당한 잠재력을 가진 시민 • 잠재력을 발휘할 수 있기 위해서는 전문가의 도움이 필요	서비스의 혜택을 받는 소비자	• 체제의 희생자 • 특정 불이익집단
클라이언트 역할	• 지역사회 문제해결 과정에 적극적 참여 • 클라이언트는 자기들의 욕구를 표현하고, 바람직한 목표를 결정, 적절한 조치를 강구하는데 참여	서비스에 대한 수혜자	• 혜택을 받는 자 • 적극 참여하는 경우도 있음

2. 로스만 혼합모델

1) 지역개발/사회행동

과정에서는 개발모델의 특성을 나타내면서 목적에서는 사회행동모델을 따름. 지역사회 내의 공통의 문제를 확인하기 위해 여러 집단 간의 합의가 필요하고 동시에 문제의 근원이 되는 권력집단에게 대항하는 행동이 필요할 때 적용됨

2) 사회행동/사회계획

이슈에 대한 실증적 연구를 바탕 문제해결방법을 계획과 동시에 대중에게 해당 이슈에 중요성을 알리면서 대중의 참여를 꾀함(소비자운동, 환경운동 등). 다양한 형태의 사회행동과 함께 문제해결을 위해서 과학적 조사, 연구도 병행함

3) 사회계획/지역개발

① 새로운 계획 과정에 주민의 참여 강조

② 지역사회보장계획: 사회계획/지역개발모델에 의한 실천이라고 봄

01) 다음 예시문의 (   )에 들어갈 내용을 옳게 나열한 것은?   (17회 기출)

> 지역사회복지실천의 효과성을 높이기 위해 로스만(J. Rothman)의 모델을 순차
> 적으로 적용해 볼 수 있다. 즉, (ㄱ)모델로 지역사회 내의 자원배분과 권력의
> 이양을 성취한 후, 고도의 복잡한 지역사회를 조사ㆍ분석하고 해결 방안을 모색
> 하기 위해 (ㄴ)모델을 적용할 수 있다.

① ㄱ: 사회행동, ㄴ: 사회계획
② ㄱ: 지역사회개발, ㄴ: 계획
③ ㄱ: 사회행동, ㄴ: 근린지역의 지역사회조직
④ ㄱ: 근린지역의 지역사회조직, ㄴ: 계획
⑤ ㄱ: 연합, ㄴ: 사회계획

☞ 해설

로스만은 지역사회개발, 사회계획, 사회행동의 각 모델이 실천 현장에서 혼재되어 있
어서 각 모델을 적절하게 혼합하여 활용할 필요가 있을 때는 각 모델이 지닌 결함과
약점을 보완하는 것에 관심을 갖고 혼합적 활용을 고려해야 한다고 하였다.

정답: ①

02) 로스만(J. Rothman)의 지역사회복지 실천모델 중 지역사회개발모델에 관한 설
명으로 옳은 것은?   (15회 기출)

① 사회복지사의 역학은 분석전문가이다.
② 수급자 역할의 개념을 소비자로 본다.
③ 변화전술과 기법은 합의와 집단토의이다.
④ 수급자 체계 범위는 약물중독과 같은 특정 집단이다.
⑤ 제도의 변화를 목표로 한다.

☞ 해설
지역사회개발모델의 대표적인 변화전술과 기법은 합의(consensus)이며, 지역사회
여러 집단이나 이익단체 간의 상호교류와 집단 토의다.

정답: ③

제10장
|
지역사회복지실천모델(3)

1. 웨일과 갬블(Weil & Gamble)의 모델 ★★★★

목표, 변화표적 체계, 일차적인 구성원, 관심영역, 사회복지사의 역할 등을 중심으로
지역사회복지 실천모델을 8가지 유형으로 분류함

① 8가지 유형은 목적이나 방법 측면에서 서로 중복되는 경우도 있음

② 대표적으로 사회계획모델과 프로그램 개발과 지역사회 연계모델의 차이를 구분하
기는 쉽지 않음

1) 근린 지역사회조직모델

① 지리적 의미의 지역사회 내에서 지역사회개발을 통한 지역주민의 삶의 질 향상을
목표로 함

 − 지역사회 구성원들의 능력개발을 강조함

② 사회복지사의 역할: 조직가, 교사, 코치, 촉진자

2) 기능적 지역사회조직모델

① 지리적인 의미의 지역사회가 아닌 동일한 정체성이나 관심사, 이해관계를 기초로

한 기능적 지역사회의 조직에 초점을 둠

② 사회복지사의 역할: 조직자, 옹호자, 촉진자, 정보전달자

③ 변화표적체계: 일반대중, 정부기관

3) 지역사회의 사회 · 경제개발 모델

① 지역사회의 전반적인 개발을 위해서 사회적 개발과 경제적 개발이 동시에 진행되어야 함을 강조함

② 사회복지사의 역할: 교사, 계획가, 관리자, 협상가

4) 사회계획모델

① 객관성, 합리성에 기반을 두고 지역사회문제를 해결하려는 모델로 전문가의 지식과 기술, 객관적 조사와 자료 분석 등을 기초로 함

② 사회복지사의 역할: 조사자, 프로포절 작성자, 관리자

5) 프로그램 개발과 지역사회 연계모델

① 지역주민들의 욕구를 충족하기 위하여 지역사회와 연계된 다양한 수준의 프로그램을 개발하고 확대하는 것을 중요한 목적으로 간주함

② 사회복지사의 역할: 대변인, 계획가, 관리자, 프로포절 제안자

6) 정치 · 사회 행동모델

지역주민의 정치적 권력의 강화와 기존 제도의 변화를 추구함

7) 연대활동(연합) 모델

① 지역사회가 당면한 문제해결이 한 집단의 노력으로 해결되기 어려우며 분리된 집단 및 조직을 집합적인 사회변화에 동참시키는 것을 강조함

② 다양한 개별 집단, 조직들이 독립성을 유지하면서 새로운 조직을 구성하거나 연대하는 것에 초점을 맞춤

8) 사회운동모델

사회운동을 통해 바람직한 사회변화를 추구하는 것을 강조함

2. 테일러와 로버츠(Taylor & Roberts)의 모델

로스만의 기본 3가지 모델을 중심으로 프로그램 개발과 조정 모델, 지원사회 연계모델을 새로 추가하여 5가지 모델을 제시함. 특히 후원자와 클라이언트의 의사결정 권한의 정도에 따라 구분하였다는 특징이 있음

1) 프로그램 개발 및 조정 모델

① 어떤 특정 목적을 이끌어내는 과정에서 변화를 위한 실질적 힘을 발현시킬 수 있는 모형

② 공공기관, 지리적 지역사회를 대상으로 서비스를 제공하는 민간기관, 기능적 지역사회, 기관협의회 등에서 수행되는 실천에 초점을 두고 있음

③ 공공기관을 중심으로 프로그램을 개발하고 조정해나가는 모델임

④ 서비스는 행정기관이 직접 전달하는 방법과 민간단체나 협회를 통해 전달할 수 있음

⑤ 후원자가 전적으로 의사결정을 하고 클라이언트는 이들에 의해 기획된 서비스를 제공받음
   – 이때, 클라이언트의 참여는 매우 제한적임

2) 계획모델

① 합리적인 기획모델에 기초한 조사전략 및 기술을 강조함

② 기획에 있어 사람들과의 상호교류적인 노력을 강조하고 좀 더 옹호적이며 진보적인 정치적 접근을 포함함

③ 조직과정의 관리, 영향력의 발휘, 대인관계 등의 과정지향적인 기술을 강조하며, 설계 및 실행과 같은 과업지향적인 기술적 측면의 필요성을 주장하고 있음

④ 로스만의 사회계획모델이 지나치게 합리적이고 과학적인 접근을 지향한다는 점을

지적하며 의사결정에 있어 상호교류와 인간 지향적 특성을 추가하고자 한 모델임

⑤ 사회계획모델에서와 같이 조사연구와 객관적 분석 등을 통한 지역사회 문제해결에 초점을 맞추고 동시에 의사결정의 과정과 조정 등 과정 지향적 실천도 추구함

3) 지역사회연계모델

① 지역사회실천은 사회복지기관의 일차적인 책임인 직접 서비스 전달에 대한 이차적 기능으로 보고 있음

② 사회복지기관의 행정가: 지역사회관계, 지지활동, 환경개선, 조직 간의 관계 등과 같은 역할을 수행하는 데 반해, 일선 사회복지사는 클라이언트의 옹호, 욕구사정, 프로그램 개발 등의 역할을 수행

③ 행정가 및 일선 사회복지사 모두 소비자집단과 함께 일하며, 표적 집단의 욕구충족을 위한 프로그램의 적용 등에 관한 지역사회실천기술이 필요함

④ 클라이언트의 개별적 문제를 지역사회에 연계하여 지역사회의 문제를 해결하고자 함

⑤ 클라이언트의 문제해결을 위해 지역사회의 관계형성, 관계개발, 관계조정활동에 상당히 큰 비중을 두면서 지역사회를 대상으로 접근해 나가는 것이 핵심적 특징임

4) 지역사회개발모델

① 조력, 리더십 개발, 자조, 상호부조, 지역성에 바탕을 둔 지역사회 연구 및 문제 해결을 강조함

② 시민참여와 교육과정을 매우 중요시하고 있으며, 전문가는 조직가의 역할보다는 주로 조력자의 역할을 담당하게 됨

③ 지역사회의 자체적 역량을 개발하여 지역사회 문제를 스스로 해결할 수 있도록 지지하고 지원하는 것에 초점을 둔 모형임

④ 시민참여에 기반을 둔 자조적 활동, 시민역량개발, 자체적 리더십 개발 등을 통해 지역사회개발을 추구하며, 지역사회 실천가에는 조력가의 역할을 강조함

⑤ 로스만의 지역사회개발모델과 밀접한 관련이 있으며, 클라이언트에게 상당히 많

은 결정권한이 있는 모델임

5) 정치적 역량강화모델
① 갈등이론과 다원주의 사회에서의 다양한 이익집단의 경쟁원리에 기초하고 있음
② 의도된 시민참여에 의한 정치적 권력 강화에 초점을 둠
③ 사회체계 및 사회제도에서 시민들의 참여를 보장하고 극대화함으로써 민주주의의
   확장을 도모하고 새로운 조직 개발을 통해 참여의 채널을 촉진하는 데 있음
④ 전문가들은 교육자, 자원 개발가, 운동가로서의 역할을 하게 되며, 이러한 경향은
   합법적으로 위임된 조직이나 자생조직으로 진전될 수 있음
⑤ 정치적 역량강화 모델: 로스만의 사회행동과 밀접한 관련이 있으며 배제된 집단의
   사회 참여를 확대시키는 것이 주요 전략인 사회복지실천 모델임

3. 포플(popple)의 모델
영국의 지역사회복지실천을 보호(care)와 행동(action)의 연속선상에서 8가지로 구
분·실천모델을 제시

1) 지역사회보호
① 목적: 노인, 장애인, 아동 등 지역주민의 복지를 위한 사회관계망, 자발적 서비스
   를 증진
② 사회복지사의 역할: 지역주민의 자원봉사활동의 주도자, 보호를 제공할 수 있도록
   격려/조직가/자원봉사자로서의 역할을 담당

2) 지역사회조직
① 타 복지기관 간의 상호협력을 증진, 서비스의 중복을 방지, 자원 부재의 현상을 극
   복, 전달의 효과성, 효율성을 높이고자 하는 모델
② 사회복지사의 역할: 조직가, 촉매자, 관리자의 역할을 수행

3) 지역사회개발

① 지역사회 구성원의 삶의 질을 향상시키기 위해 기술과 신뢰를 습득하도록 원조

② 교육을 통해 자조개념을 증진, 지역사회의 독자성을 반영하도록 도움

③ 사회복지사의 역할: 조력가, 촉진가로서의 역할을 수행

4) 사회, 지역계획

① 사회적 상황, 사회정책과 사회복지 기관의 서비스를 분석 주요목표 및 우선순위를 설정

② 사회복지사의 역할: 조력가, 촉진가

5) 지역사회교육

① 교육과 지역사회 간의 관계를 보다 밀접, 동등한 관계로 설정

② 비판적 사고, 담론을 통해서 억압적 조건, 상황을 변화시키는 행동 양식을 고양하는데 초점을 둠

③ 지역사회 구성원의 경험, 문화, 가치 등을 공유하는 기회를 교육과정

④ 사회복지사의 역할: 교육가, 촉진가

6) 지역사회행동

① 갈등, 직접적 행동을 활용하여 불균등한 권력을 평등하게 만들도록 대응

② 특정 이슈에 대한 권력자와 협상을 위해 직접적인 행동을 선호

③ 사회복지사: 행동가

7) 여권주의적 지역사회사업

① 지역사회실천에 대해 페미니즘을 적용하는 모델

② 여성 불평등의 사회적 요인에 대해서 집합적인 대응을 통해 여성의 복지를 향상시키는 것 추구

③ 사회복지사의 역할: 행동가, 조력자, 촉진자

8) 인종차별철폐 지역사회사업

① 지역사회실천에서 인종차별에 저항, 권리를 보호(상호원조와 조직화에 초점을 둔 모델)

② 목적: 교육, 주택, 건강, 고용 등의 영역에서 차별을 시정(캠페인, 자조집단 형성, 직접 행동 등 다양한 방식을 전개)

③ 사회복지사의 역할: 행동가, 자원봉사자

01) 다음 설명에 해당하는 테일러와 로버츠(S. Taylor & R. Roberts)의 지역사회복지실천모델은?　　　　　　　　　　　　　　　　　　　　(16회 기출)

- 갈등이론과 다원주의 사회에서의 다양한 이익집단의 경쟁원리에 기초한다.
- 시민의 참여를 보장하고 극대화하는 데 중요한 목적이 있다.
- 전문가들은 교육자, 자원개발자, 운동가의 역할을 한다.

① 프로그램 개발 및 조정　　　　　② 계획
③ 지역사회연계　　　　　　　　　④ 지역사회개발
⑤ 정치적 권력 강화

☞ 해설

정치적 권력 강화(정치적 역량강화) 모델은 로스만의 사회행동모델과 밀접히 관련된 것으로, 갈등주의이론과 다원주의 사회에서의 다양한 이익집단의 경쟁원리에 기초하였다.

정답: ⑤

02) 다음에서 설명하는 웨일과 갬블(Weil & Gamble)의 지역사회복지실천모델은?　　　　　　　　　　　　　　　　　　　　　　　　　(15회 기출)

- 목표는 프로그램의 방향 또는 자원을 최대한 끌어낼 수 있는 조직기반
- 변화의 표적체계는 선출된 공무원, 재단, 정부기관
- 일차적 구성원은 특정 이슈에 이해관계가 있는 조직
- 사회복지사의 역할은 중재자, 협상가, 대변인

① 연합   ② 정치적 권력 강화

③ 근린지역사회조직   ④ 기능적인 지역사회조직

⑤ 프로그램의 개발과 조정

☞ 해설

연합 모델의 목표는 연합의 공동 이해관계에서 대응할 수 있는 자원동원의 잠재력을 증진시키고, 사회적 프로그램의 방향에 영향을 미칠 수 있는 다양한 조직적인 권력기반을 구축하는 것이다.

정답: ①

제11장
|
사회행동의 전략, 기술

1. 사회행동

1) 사회행동의 정의
생활에 영향을 미치는 중요한 결정에 대해 주민들의 통제력을 향상시키기 위한 집단 적인 노력을 말하며 막강한 힘을 지닌 집단에 대해 지역주민들이 단합된 힘을 과시함 으로써 유리한 결정을 낳도록 하는 파당적(Partisan) 행동임

2) 사회행동의 합법성/정당성 확보 전략
① 사회행동에서 장기적 측면의 승리를 위해 중요한 것은 합법성을 확보하는 것으로 이를 위해 적합한 전술을 선택해야 하며, 과격한 폭력행사를 행사하지 않도록 주 의해야 함
② 사회행동은 조직내부와 조직외부 양쪽에서 합법성 정당성을 확보할 수 있는 전략 을 선택해야 하며, 구성원들에게 수용될 수 있어야 함
③ 조직내부의 합법성/정당성 확보는 조직구성원의 가치를 적절히 반영할 때 이루어 질 수 있으며, 조직구성원들에게 일방적으로 조직의 가치를 강요해서는 안 된다는

것을 의미하는 것이기도 함

3) 타 조직과의 협력 전략 ★★★

(1) 협조

② 간단히 말해서 일시적인 협력관계를 의미함

② 필요에 의해 모이고 각자의 책임 부담은 적음

③ 자체의 기본적인 목표나 계획을 바꾸지는 않지만, 필요에 따라 협력을 하는 것임

(2) 연합(조정)

① 이슈와 전략을 통해 공통의 합의점을 찾아 합동으로 선택하는 조직적인 협력관계임

② 이 관계 속에서 참여하는 조직들은 책임의 부담은 협조보다는 많고 결속력 또한 높아 이익이 없어도 빠질 수 없음

③ 조직들은 각각 대표자를 선정하여 운영위원회 같은 조직을 구성하고 회의를 소집하여 공동의 관심사에 대해 협의하게 됨

(3) 동맹

① 회원조직들의 회원을 훈련하고, 캠페인을 준비하는 등 전문가를 조성하는 활동

② 조직들이 영구적이고 전문적인 대규모의 조직관계망을 가지며, 가장 고도의 조직적인 협력관계이며, 전문적인 활동을 필요로 하는 경우에 매우 바람직한 협력관계라고 할 수 있음

2. 정치적 압력

1) 정치적 압력의 개념

정치적에서의 압력과 항의는 서로 상이한 기술임

① 항의: 거의 모든 대상을 목표로 할 수 있음

② 정치적 압력: 그 대상이 정부에 국한됨

③ 그 목적은 새로운 법을 통과시키도록 한다거나, 새로운 프로그램을 개발하게 한다
  거나, 지역사회주민조직에게 이로운 정책을 강구하고 시행하도록 하는 것임

2) 정책형성 과정

(1) 1단계: 이슈를 논의대상으로 삼는 단계

사회행동조직은 어떤 이슈가 정치적으로 부각될 수 있도록 한다거나 공청회에서 의
견을 개진할 기회를 갖는 등의 활동을 함

(2) 2단계: 해결대안을 설계하는 단계

어떤 문제가 법안으로 제출되기 전, 사회행동조직의 견해를 정치인들이나 정부 관료
에게 알림

(3) 3단계: 법안의 통과를 추진하는 단계

전통적인 로비활동으로서 의원들을 접촉하거나 편지를 쓰거나 전화를 걸어 새로운
법이나 규정이 통과되도록 압력을 넣음

(4) 4단계: 실천을 하도록 영향력을 행사하는 단계

지역사회 주민들을 위해 어떤 법이 더 강력하게 집행되거나 평등하게 집행되도록 압
력을 행사하는 것이며, 정치인보다는 관료들에게 압력을 가하는 것이 효과적임

3. 법적 행동

1) 법적 행동의 개념

① 법적 행동은 제한된 수의 사람이 참여하며, 참여자는 냉정하고 심각하게 행동해
  야 함

② 시간과 돈이 많이 듦

③ 승리가 잠정적일 수 있음

2) 법적 행동 활용의 장점
① 조직의 활동을 공식적으로 합법화시킬 수 있음
② 상대방의 급작스런 조치에 시간을 얻어낼 수 있음
③ 법적 전술을 통해 정보를 얻어낼 수 있음
④ 법적 행동은 많은 비용이 들기 때문에 위협만으로도 이슈에 대한 논의를 끌어낼
   수 있음
⑤ 이슈와 관련된 주요 법령과 규칙을 명확히 할 수 있는 기회를 줌

3) 법적 행동 활용의 문제점
① 시간과 돈이 많이 듦
② 법적 행동의 승리가 잠정적일 수도 있음
③ 많은 시일이 걸리기 때문에 주민조직이 회원들을 지루하게 만들 수 있음
④ 변호사와 같은 전문가에게 의존하지 않으면 안 되기 때문에 주민조직 스스로가 무
   엇인가를 이룩한다는 성취감을 상실할 수 있음
   - 이러한 경우 조직의 자율성과 역동성이 제약을 받을 수도 있음
⑤ 실질적인 승리를 가져다주지 못할 수 있음
   때로 권리는 얻어지지만 개선책은 무시되는 경우가 있음

4. 사회적 대결(직접행동)
사회적 대결상황에서 사회행동조직들은 정부나 기업이 그들의 문제제기를 듣고 문제
해결을 위해 노력할 것을 요구하는 것을 말함
   - 예: 시위
   - 표적에 대해 직접적인 타격을 가하는 동시에 사회행동조직의 내부적 결속력을
     높일 수 있는 수단이기도 함

1) 사회적 대결의 문제점

① 조직의 세력을 유지시키지 못할 위험이 있음

② 폭력의 위험이 있음

③ 비윤리적일 수 있음

④ 실천을 보장하지 못함

2) 사회적 대결의 유형

(1) 시위전술

① 대중을 동원하여 세력을 과시하고 기득권층의 일상을 교란하는 것이 주요 목적임

② 폭력과 파괴의 위험을 내포하고 있음

③ 예: 행진, 집회, 피케팅, 농성 등을 진행함

(2) 교육홍보 전술

① 문제제시와 해결책제시를 위해 표적 집단을 향해 대규모의 교육과 선전전을 펼침

② 상대방과 면담 또는 공청회, 대중매체의 광고를 통해 사안의 성격과 내용을 알림

(3) 불평 전술

① 문제의 존재를 표적 집단에게 알리는 방법

② 청원, 상대방에 비공개로 불평 전달 등이 활용됨

(4) 경제 전술

① 반대자 또는 상대방의 경제적 여건에 타격을 가하기 위해 사용하는 전술

② 예: 불매운동, 파업 등을 진행함

3) 알린스키의 전술 지침

① 효과적인 전술은 현재의 제도에 대한 대안을 제기하기보다는 게임에 대한 그들의 규칙과 이 규칙을 시행하는 책임을 맡은 사람들은 공격함으로써 그것에 대해 알고 있다는 것을 보여주는 것임

② 항의활동을 지속적으로 전개함으로써 상대방이 지치고, 잘못을 저지를 수 있고, 결국 사회행동조직과 협상을 원할 정도까지 계속되어야 함

③ 제도와 싸우는 것보다는 제도 속에서 일하는 특정 개인들을 공격 대상으로 삼아야 하는데 이것은 적진을 분열시키기도 쉽고, 동조자를 얻어내기도 용이함

④ 상대방이 요구를 인정하지 않을 수 없는 실수를 범할 때까지 기다려야 함

⑤ 상대방이 대응을 예상해야 한다. 사회행동조직에 대한 법적 제재, 사회적 비난, 해고 위협, 손해배상 청구 등 다양한 형태의 대응을 예상하고 적절하게 준비해야 함

01) 지역사회복지 실천과정과 실행내용의 연결로 옳지 않은 것은? (16회 기출)

① 문제와 표적 집단의 이해: 지역사회 상황 확인과 인구집단에 대한 이해

② 지역사회 문제 분석: 인과관계에 근거한 개입가설의 개발

③ 개입전략 개발: 개입목적과 목표의 설정

④ 지역사회 개입: 프로그램 기획과 실행

⑤ 평가: 효율성 및 효과성 평가

☞ 해설

지역사회 문제 분석은 충족되지 않은 욕구나 문제를 인지하여 해결방안을 마련하고 실천에 옮길 수 있도록 집약시키고 문제의 핵심을 분명하게 규정하는 단계이며, 인과관계에 근거한 개입가설의 개발은 실천계획 수립단계이다.

정답: ②

02) 지역사회 행동 전략 중 다음 설명과 관계있는 타 조직과의 협력 전략으로 옳은 것은? (14회 기출)

> 사회 복지사가 서비스의 중복을 방지하고자 자원 활용의 효율성을 도모하기 위해 조직의 정체성을 유지하면서 정기모임이나 회의를 통해 활동이 이루어지도록 조력하는 것

① 연락(communication)

② 융합(convergence)

③ 통합(integration)

④ 동맹(alliance)

⑤ 연합(coalition)

☞ 해설

사회복지사가 서비스의 중복을 방지하고 자원 활용의 효율성을 도모하기 위해 조직의 정체성을 유지하면서 정기모임이나 회의를 통해 활동이 이루어지도록 조력하는 것은 연합 전략에 해당한다.

정답: ⑤

제12장
|
지역사회복지 실천과정

1. 문제 확인 ★★★

1) 지역사회 진단하기 ★★

① 지역사회에 내재되어 있는 문제들을 확인하기 위해 문제를 둘러싼 지역사회의 고유한 상황을 파악함

② 지역의 상황을 파악하는 초기 단계이므로 다양한 가치판단에 따라 상황 파악이 달라질 수 있다는 점을 감안하고, 개방적인 태도를 가져야 하며 관련자들과 대화를 실시하여야 함

③ 문제의 원인, 과거의 노력, 장애요인 등을 파악함

④ 문제를 바라보는 지역주민들의 시각, 합의와 여부, 기득권층과 약자층, 이익집단과 손해집단 등 정치적인 지형을 파악해야 함

2) 표적 집단 확인하기

① 문제해결을 위해서는 표적 집단 에 대한 충분한 이해가 선행으로 이루어져야 함

② 표적 집단은 실천의 대상이 되는 동시에 문제를 내포하고 있어야 하며 변화가 필

요하다고 간주되는 집단이어야 함

③ 표적 집단의 인구학적 특성, 사회, 경제적 상태 등과 같은 개인적 요인과 지역사회의 환경과 같은 사회 환경적 요인 등을 동시에 고려해야 함

3) 우선순위 선정하기

① 지역사회의 상황과 표적 집단의 범위, 기관의 가치, 이념 등을 고려하여 선정하여야 함

② 지역사회 내에 산재되어 있는 여러 문제들 중 무엇을 우선으로 삼을 것인지를 판단해야 하며, 확인된 문제는 공식화해야 함

2. 지역사회 사정 ★★★★

1) 고려해야 할 사항 ★★★
① 지역사회의 발전 과정
② 지역사회의 정치, 사회구조
③ 지역사회의 경제적인 상황
④ 지역사회의 사회문화

2) 사정의 유형 ★★
사정의 목적, 영역, 초점 등에 따라 다양하게 구분할 수 있고, 이들 유형은 동시에 사용될 수 있음

(1) 포괄적 사정
① 철저한 방법론에 기초함
② 1차 자료의 생성을 주요 목적으로 함
③ 특정한 문제나 집단에 한정보다는 지역사회 전반을 대상으로 한 사정 유형임
④ 지역사회의 전반적인 복지욕구에 대한 자료가 마련되어 있지 않은 경우 공공기관

에서 실시할 수 있음

(2) 문제중심 사정

전체 지역사회와 관련되지만 우선적으로 해결해야 할 중요한 영역에 초점을 맞춘 유형임

(3) 하위체계 사정

지역사회의 특정 하위체계를 중심으로 특정 부분이나 일면을 조사하여 사정이 이루어지는 유형임

(4) 자원사정

권력, 전문기술, 재정, 서비스 등 인적, 무적 자원 영역을 검토함

(5) 협력 사정

지역사회 참여자들이 파트너로서 조사계획, 참여관찰, 분석과 실행 국면 등에 관계를 맺어 지역사회에 의해 수행되는 사정을 의미함

3) 욕구사정을 위한 자료수집 방법 ★★★

(1) 질적 접근방법 ★★

① 비공식 인터뷰: 자연스러운 만남을 통한 의견교환으로 조사대장자의 특정 입장에 상관없이 정보를 수집할 수 있다. 대상자에게 편안한 분위기를 제공함으로써 자유롭게 정보를 수집할 수 있음

② 공식 인터뷰: 주요정보제공자들과 사전에 약속을 잡고 대면이나 전화 면접을 통해 이루어진다. 이때에는 개방형 질문이 좋으며, 사전에 미리 물어볼 질문들을 준비해야 함

③ 민속학적(참여관찰): 조사자가 그 지역에서 지역주민과 같이 생활하면서 현지관찰을 통해 지역주민의 삶, 행동, 문화, 가치, 의식 등을 연구자가 수집하는 방법

④ 지역사회포럼

- 지역사회에 거주하거나 활동하는 사람들은 그들이 생활경험이나 관찰 또는 정보를 통하여 지역의 사회적 요구나 문제 등을 잘 알고 있다는 전제하에 조사자가 지역사회의 모든 사람들이 참여할 수 있는 공개적 모임을 주선하여, 이 모임에서 논의되는 지역사회의 욕구나 문제들을 파악하는 방법
- 어떤 특정 인물이나 집단이 포럼을 주도적으로 진행하는 경우 다른 참석자들의 의견이 무시되거나 제한받을 수 있기 때문에 통제가 어렵다는 한계가 있음

⑤ 명목집단기법
- 소수로 구성된 집단의 공동 문제나 질문에 대해 우선 각자 나름대로 제안이나 해결책을 제시하고 나중에 그들이 제안을 공유한 후 집단 구성원 간 토론을 통하여 우선순위를 결정하는 방법
- 의견을 무기명으로 적어 제출하며, 유사한 의견들을 정리하여 발표한 후 논의가 진행됨
- 각 참가자들이 발표된 의견에 우선순위를 매기면 진행자가 취합하여 평균점수를 계산한 뒤 최종 우선순위를 결정함

⑥ 초점집단기법
- 어떤 문제에 관련된 소수의 사람들(8~12명 정도)을 한 곳에 모아 여러 명이 동시에 질의와 응답에 참여하여 보다 깊이 있고 집중적인 토론에 유용한 지역사회 사정방법
- 대상자들은 주요 정보제공자, 관련 서비스 제공단체 대표, 수혜자(서비스 소비자), 잠정적 수혜자, 지역사회주민 등이 될 수 있음

⑦ 델파이 기법
- 전문적인 지식을 가지고 있는 전문가들을 선정하여 주요 관심사에 대한 설문지를 발송하여 몇 차례 우편조사를 사용해 일정한 정도의 합의점에 도달해 때까지 반복적으로 시행함으로써 초기에 상당한 이견을 보인 쟁점에 대한 최대한의 합의를 얻는 방법

(2) 양적 접근방법
① 서베이

- 욕구를 조사하는 방법 중 가장 많이 하는 방법
- 표준화된 정보 수집을 위해 구조화되거나 반 구조화된 질문지를 통해 설문조사를 진행하여 응답을 받음
- 정해진 항목들에 대해서는 답변을 받으므로 다양한 의견을 취합하기 어려움
- 누구를 대상으로 할 것인지, 즉 대상자의 표집이 관건이 됨
- 다양한 인구집단 간 의견의 비교 분석이 가능함
② 사회지표분석 및 2차 자료의 이용
- 사회지표분석은 통계청이나 보건복지 관련 기관이나 정부에서 이미 발표한 수치화된 자료나 내용을 활용하여 욕구를 조사하는 방법
- 타 지역과의 비교가 가능함
- 이 외에도 서비스 이용자 실태조사 자료 등 직접 조사하지 않은 2차 자료를 활용하여 욕구를 파악할 수 있음

〈 욕구사정을 위한 자료수집 방법 정리 〉

	질적 조사방법	양적 조사방법
특징	문제와 상황에 관한 깊이 있는 정보의 개발에 중점을 둠	사회적 상황과 문제에 대한 수적인 지표를 개발하는데 중점을 둠
방법	비공식 및 공식적 인터뷰 민속학적 방법 지역사회포럼 명목집단기법 초점집단기법 델파이기법	구조화된 서베이 프로그램 모니터링 사회지표 분석 지역사회 집단 접근

3. 계획 및 실행

1) 제1단계(준비/계획단계)
① 문제를 발견하고 분석하는 과정임

② 사회복지실천 과정 중 '가치판단' 이 가장 많이 요구되는 단계

③ 문제를 파생하고 존속시키는 사회의 가치관과 제도를 조사함

④ 통계자료, 실태조사보고서 등을 분석함

2) 제2단계(실행단계)

① 계획을 수립함

② 문제해결을 위한 자원의 활용가능성은 어느 정도인지 파악함

③ 필요한 인력과 자격 및 재원과 같은 자원을 누가 통제하고 있는지 파악함

④ 프로그램의 수행에 어느 정도의 저항이 존재하는지 파악함

4. 평가단계 ★★

- 지역사회의 변화를 위해 활용된 개입의 과정과 결과를 평가함
- 일반적으로 설정된 목표가 어느 정도 달성되었는가를 알아보기 위한 과정임
- 개입에 대한 가치와 의의를 판단하는 사회적 과정이라 할 수 있음

1) 양적 평가와 질적 평가

(1) 양적평가(=프로그램의 결과 평가)

수량화된 자료나 증거를 활용하여 분석하는 방법

(2) 질적 평가(=프로그램의 과정 평가)

관찰 인터뷰 등 수량화되지 않은 다양한 형태로 자료를 수집하여 평가함

2) 형성평가와 총괄평가

(1) 형성평가(=과정평가)

진행과정의 문제점을 발견하여 수정 · 보완하는 데 도움이 되는 정보를 제공하기 위한 평가

(2) 총괄평가(=결과평가)

달성하고자 했던 목표를 얼마나 잘 성취했는가의 여부를 평가하는 데 목적이 있음

01) 다음에서 설명하는 지역사회의 욕구사정방법은? (15회 기출)

> • 지역사회집단의 이해관계를 가장 잘 대표할 수 있는 참여자들을 선택한다.
> • 선택된 사람들은 한곳에 모여 특정 문제에 대한 의견을 집단으로 토론한다.
> • 의사소통은 개방형 질문으로 진행한다.

① 델파이(Delphi) 기법
② 지역사회포럼(Community Forum)
③ 민속학적(Ethnographic) 기법
④ 명목집단(Nominal Group) 기법
⑤ 초점집단(Focus Group) 기법

☞ 해설

초점집단(Focus Group) 기법은 어떤 문제나 관심 또는 욕구를 가장 잘 나타낼 수 있는 소수의 사람들(8~12명 정도)을 한곳에 모아 문제에 대한 의견을 개진하게 하고 의견을 심도 있게, 집중적인 토론방법이다.

정답: ⑤

02) 다음 설명하는 욕구사정 자료수집 방법으로 옳은 것은? (16회 기출)

> • 욕구의 배경이나 결정과정보다 욕구내용 결정에 초점을 둔다.
> • 모든 참여자가 직접 만나서 욕구에 대한 우선순위를 결정한다.
> • 욕구순위에 대한 합의의 과정이 반복시행을 거쳐 이루어질 수 있다.

① 초점집단기법
② 델파이기법
③ 지역사회포럼
④ 명목집단기법
⑤ 민속학적 조사방법

☞ 해설

명목집단기법은 토론자들이 한자리에 모여서 공동문제나 질문에 대해 토론 없이 의사결정을 한다는 점이 초점집단기법과 다르다. 여기서 명목집단이라고 하는 용어는 성원들이 한자리에 모이기는 하지만 이들 사이에 말에 의한 토론이나 의사소통이 없는 이름뿐인 집단(명목)이라는 점에서 붙여진 것이다.

정답: ④

제13장
|
지역사회복지 실천에서의
사회복지사의 역할과 실천기술

〈 핵심정리 〉

지역사회개발모형	사회계획모형	사회행동 모형
로스	샌더스	그로서
안내자	조력자	전문가
치료자	분석가	계획가
조직가	행정가	조력자
중개자	옹호자	행동자

1. 지역사회개발 모델에서 사회복지사의 역할

1) 안내자로서의 역할 ★★

① 일차적인 역할은 문제해결에 따른 목표를 설정하고, 이를 해결하는 방안을 강구하도록 도와주는 것임

② 도움을 청하지 않은 지역사회에 접근하는데 있어서뿐만 아니라, 문제해결과정에

서 여러 가지 면에 주도권을 발휘해야 함

③ 객관적인 입장을 견지해야 함

④ 사회복지사는 안내자로서의 자기 역할을 수용하고 주민들의 요구가 있더라도
주민들이 결정해야 하거나 조직을 이끌어야 하는 주민들의 역할을 대신해서는
안 됨

2) 조력가로서의 역할 ★★

① 불만을 집약하는 일을 하며 촉매자의 역할이라고도 할 수 있음

② 조직화를 격려하는 일을 해야 함

③ 좋은 인간관계를 조성하는 일을 해야 함

④ 공동목표를 강조하는 일을 해야 함

3) 전문가로서의 역할

① 전문가로서 사회복지사의 역할은 자기가 권위 있게 말할 수 있는 분야에 필요한
자료를 제공하고 직접적인 충고를 하는 것임

② 즉, 지역사회 단체가 사업을 운영하는 데 요구되는 조사자료, 기술적인 경험, 자원
에 관한 자료, 방법상의 조언 등을 제공함

4) 사회치료자로서의 역할 ★★

① 지역사회에서 치료자의 역할을 수행해야 할 때가 있음

② 적절한 진단을 통해 지역사회 문제의 성격과 특성을 주민들에게 제시함

③ 지역사회의 문제 해결을 위한 협력적인 작업을 방해하는 요인을 제거하도록
도움

④ 금기적 사고나 전통적 태도가 지역사회의 불화 또는 긴장을 일으킬 때 이를 변화
시키기 위해 노력을 해야 함

2. 사회계획모델에서 사회복지사의 역할

1) 모리스와 빈스톡(Morris & Binstock)의 계획가

(1) 계획가의 역할

계획가의 역할은 사회서비스를 개선하고 사회문제를 완화시키는 주요수단으로 공공기관의 정책을 고치기 위해 노력하는 것임

① 목적 성취를 위한 자신의 영향력을 분석함

② 목적 성취를 위해 정책기관과의 저항관계 분석함

③ 목표, 대상기관, 자원의 인과관계 조절이 핵심적 과업임

④ 기관 내의 지배세력에 영향력을 미치는 경로 검토함

⑤ 자원은 돈과 신용, 개인적 열정, 전문성, 인기, 사회적 정치적 기반, 정보의 통제, 적법성 등이 있음

2) 샌더스(sanders)의 전문가 ★★★

(1) 분석가의 역할

사회복지사의 전문적인 활동은 사실발견과 분석에서 출발함. 적절한 자료를 토대로 하지 않은 일체의 계획은 성공적인 결과를 얻을 가능성이 적기 때문이며 사회조사와 관련한 이론 및 실천기법의 발달로 인해 다양한 수준의 지역사회사정방법이 활용되고 있음. 지역사회사정을 통해 밝혀진 지역사회의 욕구는 중앙정부, 지방자치단체, 다양한 사회복지기관에서 정책의 입안 및 개선, 새로운 서비스에 대한 지원을 위해 기본적인 근거자료로 활용되고 있음

① 사회변화를 위한 프로그램과정 분석

② 유도된 변화에 대한 평가

③ 사회문제와 영향을 미치는 요인들에 관한 조사

④ 계획수립의 과정 분석

⑤ 계획에 영향을 미치는 다양한 요인들을 조사함

(2) 계획가의 역할

어떤 종류의 사업을 계획하든 간에 사회복지사는 인간적인 측면에 관심을 두어야 함. 사업계획에는 일반적으로 이에 참여하는 사람들의 철학이 반영되기 마련이기 때문이며, 모든 사업계획은 목표를 설정해야 하고 계획철학은 목표를 성취하기 위한 수단에도 반영되어야 함. 어떠한 동기에서든 사회복지사는 복지를 증진시킬 수 있는 목표를 강조해야 함

① 계획수립에 있어 기술적인 것뿐만 아니라 철학적인 면도 고려해야 함
② 물리적이고 물질적인 면보다 인간적인 면을 중시해야 함
③ 모든 사업계획은 목표를 설정해야 함
④ 행정에 있어서는 중앙집권적 결정에 의존할 것인지, 분권적 결정에 의존할 것인지를 판단해야 함

(3) 행정가로서의 역할

프로그램이 실제로 운영되고 주민들이 이것에 대해 알고 반응을 보이는 단계에서 발휘되는 것임

① 계획 수행을 위한 프로그램이나 기관의 운영에 관심을 둠
② 계획에서 설정한 목표의 효율적 효과적 달성을 위하여 인적 물적 자원을 적절히 관리하며, 계획이 추진되는 것 자체보다는 계획을 수행하기 위해 마련된 프로그램이나 기관의 운영에 주로 관심을 가짐
③ 프로그램을 운영하는 규칙과 절차를 적용함에 있어서 여러 가지 행정적인 문제가 발생하므로 이에 능동적으로 대처하는 융통성을 발휘해야 함

3. 사회행동모델에서 사회복지사의 역할

1) 그로서(Grosser)의 역할 유형 ★★★

지역사회의 자원분배 메커니즘을 변경하여 지역사회의 불우계층의 이익을 증대시키는 것이 사회복지사의 주된 역할임

(1) 조력가의 역할

① 주민들이 자체의 욕구분석을 토대로 스스로 목표를 설정하여 추진하기 위해 조직
   화를 용이하게 하고 격려하는 역할임
   - 사회행동 모형에서 다른 역할보다 중립적인 입장에 있음
   - 매우 제한된 가치를 지닌 소극적인 것으로 지적하고 있음
② 좋은 인간관계를 조성함

(2) 중개자의 역할

① 자원의 소재를 제공하여 주민들이 스스로 필요로 하는 자원에 접근할 수 있게 해
   주는 것임
   - 즉 '집단적인 중개' 의 차원으로 그 의미를 확대하고 있음
   - 전 주민에 계급에 영향을 주는 행정과 정책의 변화를 추구하는 것을 말함
② 기능주의적 입장으로서의 한계를 지니는 것으로 설명됨

(3) 옹호자(대변자)의 역할 ★★

필요한 정보를 끌어내고, 주민들 입장의 정당성을 주장하고 기관의 입장에 도전할 목
적으로 지도력과 자원을 제공해야 함. 즉 사회적 갈등에 있어서 파당분자가 되며, 사
회복지사의 전문적인 역량을 오로지 클라이언트의 이익을 위해서 사용해야 함
① 지역주민들의 입장의 정당성을 주장함
② 자신의 역량을 오로지 클라이언트를 위해 사용함
③ 클라이언트의 서비스 획득을 돕고, 인간의 삶을 실제적으로 향상시키도록 대변

(4) 행동가의 역할

① 지역사회 내 불이익을 당하는 주민들을 위해 진정한 사회복지사의 역할로 강조되
   고 있음
   - 주민조직과 함께 지역사회 환경을 개선하고 서비스를 요구하기 위한 집단행동
     에 있어서 리더십을 발휘하여 행동에 동참하는 것을 말함
② 사회복지사는 지역사회와 주민들을 클라이언트로 보지 않음

－ 오히려 함께 사회변화를 위해 나아가야 할 동지로 보는 것임

－ 네 가지 역할 중 가장 적극적이고 급진적인 역할

③ 갈등적 상황에서 중립적이거나 수동적인 자세를 거부하며 직접 행동함

　　－ 클라이언트의 행동을 조직화함

01) 지역사회복지실천에서 조력자의 역할로 옳은 것을 모두 고른 것은?

(17회 기출)

> ㄱ. 지역사회 내 다양한 집단들에 의해 표출된 불만의 집약
>
> ㄴ. 지역사회문제의 조사 및 평가
>
> ㄷ. 지역사회 내 불이익을 당하는 주민의 옹호와 대변
>
> ㄹ. 지역사회조직 과정에서 지역주민들에게 공동의 목표 강조

① ㄱ, ㄴ   ② ㄱ, ㄷ

③ ㄱ, ㄹ   ④ ㄴ, ㄷ

⑤ ㄴ, ㄷ, ㄹ

☞ 해설

조력자의 역할은 불만의 집약, 조직화의 격려, 좋은 인간관계 조성, 공동의 목표강조
이다.

정답: ③

02) 밑줄 친 사회복지사의 핵심 역할로 옳은 것은?   (16회 기출)

> A 지역은 공장지대에 위치해 있어 학교의 대기오염도가 매우 높게 나타났다. 그
> 래서 사회복지사는 학생들의 건강권 확보를 위한 조례제정 입법 활동을 하였다.

① 계획가   ② 옹호자

③ 치료자   ④ 교육자

⑤ 행정가

☞ 해설

옹호(advocacy)는 클라이언트의 이익 혹은 권리를 대변하거나 방어하는 활동을 말한다. 사회정의를 지키고 유지하기 위한 목적에서 정당한 처우나 서비스를 받지 못하는 경우에 활용한다.

정답: ②

제14장
|
지역사회복지 실천에서의
사회복지사의 실천기술

1. 옹호(대변)기술 ★★★

클라이언트의 이익 혹은 권리를 위해 싸우거나, 대변하거나, 방어하는 활동을 말함.
지역사회복지실천 과정에서 지역주민, 특히 억압된 집단 입장의 정당성을 주장하고
지도력과 자원을 제공해야 한다는 점에서 매우 중요하며, 무엇보다도 옹호는 클라이
언트가 권리를 갖고 있으며, 그 권리의 보장은 법적으로 요구할 수 있는 것이기 때문

1) 특징

① 클라이언트의 권리와 이익을 지키고 대변하는 활동임
② 지역사회나 지역주민을 대신하여 일을 진행함
③ 지역사회나 지역주민의 입장을 지지하고 일련의 행동을 제안하는 것임
④ 다양한 수준의 클라이언트로 하여금 문제해결에 적극적으로 참여할 수 있도록 돕
　고 그들의 이익을 대변하는 기술임

2) 옹호의 유형(하드캐슬) ★★★

(1) 자기옹호

① 클라이언트 개인 및 집단이 스스로 자신을 옹호하는 활동임

② 때로는 자조집단 및 지지집단을 구성해서 활동함

③ 사회복지사의 활동 · 행정적 · 기술적 지원 · 격려 · 정보 제공

(2) 개인옹호

클라이언트가 스스로 자신을 옹호할 수 없을 때 사회복지사가 개인이나 가족을 대신하여 진행하는 옹호 활동임

① 클라이언트가 사회복지사에게 의존하지 않도록 주의해야 함

② 사회복지사의 활동: 교도소에 수감 중이거나 질병으로 입원 중인 경우 등 스스로를 돌볼 수 없는 개인(혹은 가족)에 대한 욕구 파악 및 사정임

③ 개인 및 가족의 욕구 파악 및 사정기술임

(3) 집단옹호

① 희생자 집단을 위한 옹호 활동임

② 유사한 문제를 경험하는 클라이언트들로 구성된 집단의 공동 문제를 해결하기 위한 활동임

③ 사회복지사의 활동: 집단사회복지실천기술 적용, 의사소통

(4) 지역사회 옹호

① 소외된 혹은 같은 문제를 경험하는 지역주민들을 위한 활동임

② 지역주민들이 스스로 지역사회를 옹호하기도 하고, 지역사회를 대신하여 다른 사람들이 옹호하기도 함

③ 사회복지사의 활동: 조직화

(5) 정책/정치 옹호

① 사회정의와 복지를 증진시키기 위해서 입법영역, 행정영역, 사법영역에서 다양한 형태로 전개되는 활동임

② 사회복지사의 활동: 특정 법안의 통과를 제안하거나 저지하기 위한 로비 활동, 사

법 과정에서 증인으로 나서는 클라이언트를 보호하고 정보를 제공하는 기술임

(6) 체계 변화적 옹호
① 근본적인 제도상의 변화를 위해 구성원들과 함께 사회체제 전체에 영향을 끼치는
   위한 활동임
② 사회복지사의 활동: 조직화, 캠페인, 홍보, 양성평등을 위한 여성운동, 장애인 이
   동권 보장을 위한 옹호활동 등

3) 옹호의 전술(기술) ★★
지역사회복지실천가가 동료, 상관, 주민과의 관계에서 자신이 원하는 것을 상대로부
터 얻어내거나 상대가 자신에 대해 좋은 감정을 갖도록 하는 일. 긴장과 대립 속에서
자신에게 유리한 결과를 얻기 위해 정보와 힘을 사용한 것을 말함

(1) 설득
추가적인 정보를 제공하거나 잘못된 정보를 바로 잡아 표적체계가 기존의 결정과는
다른 결정을 내릴 수 있도록 함
- 표적체계의 결정을 이해할 수 있지만 사회복지사가 제시한 입장에도 일리가 있음
  을 알려 해당 문제의 논쟁을 재점화하여 재검토되도록 이끌 수 있음

(2) 증언청취
클라이언트들이 의사결정자의 행위에 관한 의견을 듣고 싶다고 행정기관에 신청을
하면서 이루어짐
① 클라이언트가 국가 정책에 따라 받을 수 있는 급여를 신청했지만 받지 못한 경우,
   이에 대해 문제를 제기하면서 제3의 심사관이 심사를 진행함
② 심사 결과 급여가 제공되는 것이 옳다고 판단이 나오면 급여를 받을 수 있게 됨

(3) 표적을 난처하게 하기
해당 기관 앞에서 시위하기, 해당 기관의 잘못을 밝히는 전단지를 배포하거나 언론을

통해 알리는 활동을 통해 표적을 난처하게 할 수 있음

(4) 정치적 압력
정치적 권력을 이용하여 변화를 끌어내는 방법임
- 클라이언트는 곧 유권자이기도 하기 때문에 시·도의원을 만나 지역사회에 발생한 문제에 대해 논의할 수 있음

(5) 탄원서 서명
유동인구가 많은 지역에서 탄원서에 서명을 받아 해당 문제를 지지하거나 공감하는 사람이 많다는 것을 알리는 방법
- 탄원서는 시의회 정기회의에 제출하거나 공청회에서 제시하는 것이 효과적임

2. 조직화 기술 ★★★
지역사회복지에서 조직화는 클라이언트(체계)의 문제를 해결하기 위해 필요로 하는 인력이나 서비스를 규합하고 나아가 조직의 목표를 성취하도록 합당하게 운영해 나가는 과정

1) 특징
① 지역사회 전체 또는 일부 집단을 하나의 역동적 실체로 만들어 나가는 과정에서 활용하는 기술, 지역주민의 욕구와 동기를 파악, 다양한 지역사회 활동에 참여하도록 유도함
② 지역주민에게 동기를 부여하고, 지역사회에 소속감을 가지도록 함
③ 지역주민의 욕구를 파악하여 다양한 지역사회 활동에 참여하도록 유도함
④ 지역사회의 당면문제를 해결하기 위해 전체 주민을 대표하는 일정 수의 주민을 선정하여 모임을 구성하고, 이 모임이 지역사회의 욕구나 문제를 해결해 나가도록 돕는 기술임

3. 네트워크(연계)기술 ★★★★

사회복지사는 연계기술을 활용함으로써 자신의 능력과 세력을 강화, 확장할 수 있음.
이러한 연계를 통해 포함되어 있는 구성원들은 사회복지사의 개입에 있어서 매우 중
요한 자원이 되며 지역사회와 지역주민들에게 정보를 제공하고 기술을 가르침(예: 지
역주민의 상담, 다양한 행사 등)

1) 특징

① 클라이언트의 욕구중심에 초점을 둘 수 있음
② 여러 사회복지 관련기관과 시설의 중복된 서비스를 한층 효율적으로 통합, 제공할
   수 있음
③ 다수의 시민을 사회복지실천에 참여시킴으로써 시민의 연대의식을 강화시킬 수
   있음

4. 자원개발/동원기술 ★★★★

자원개발/동원 기술은 지역사회 문제의 성격이나 개입방법과는 상관없이 모든 지역
사회복지 실천활동에서 반드시 포함되어야 하는 기술이며 자원은 사회복지실천에서
클라이언트의 변화나 그들이 생활을 향상시키는데 유용하게 사용할 수 있는 인력, 물
적, 조직, 정보로 이해할 수 있음

1) 특징

① 지역사회주민의 욕구충족과 문제해결을 위해 자원이 필요한 경우 자원을 발굴하
   고 동원하는 기술임
② 기부 능력이 있는 잠재적 기부자를 발굴하고, 기부할 수 있는 동기를 부여함
   – 홍보를 통하여 기관의 목적과 사업을 적극적으로 알리고 기관에 대한 신뢰성을
     높임
③ 자원개발을 위해 DM발송, 이벤트, 인터넷, 대중매체 활용, 공익연계마케팅(CRM)
   등 다양한 홍보 · 마케팅 전략을 구사할 수 있음

5. 임파워먼트(역량강화)기술

1990년대 이후 사회복지실천에 강조되는 있는 개념이 임파워먼트이며 능력을 가지는 것 또는 능력을 향상하는 것임. 조직차원에서 볼 때 임파워먼트는 조직원들 개개인에게 조직을 위해 중요한 일을 할 수 있는 능력과 권한이 있다고 확신을 심어주는 강화과정을 말함

1) 특징

① 지역주민이 자신의 권한과 능력을 발견, 획득해가는 과정과 결과로 파악할 수 있음

② 지역주민의 삶의 질이나 능력을 향상시키는 데 있어서 억압요소나 방해요소를 제거한 과정임

③ 지역주민이 자신의 문제를 객관적으로 인식하고, 자신과 환경의 변화를 통하여 주체적으로 문제를 해결해 나가는 것을 지향함. 또한 사회복지사와의 관계에서도 주체적인 역할이 강조됨

④ 지역사회의 억압이나 불합리한 제도에 맞서 지역사회 또는 지역주민이 처해 있는 어려움을 해결하는 방법은 치료를 통해서가 아니라 파워를 획득함으로써 가능하다고 봄

01) 옹호(advocacy) 기술의 특성 중 옳은 것을 모두 고른 것은?   (15회 기출)

> ㄱ. 사회정의를 지키고 유지하는 목적
> ㄴ. 조직 구성원의 경제적 자립 강조
> ㄷ. 표적 집단에 대한 강력한 영향력이나 압력 행사
> ㄹ. 정당한 처우나 서비스를 받지 못하는 경우에 활용

① ㄱ, ㄴ   ② ㄱ, ㄷ   ③ ㄴ, ㄷ
④ ㄱ, ㄷ, ㄹ   ⑤ ㄱ, ㄴ, ㄷ, ㄹ

☞ 해설
표적 집단이 정당한 처우나 서비스를 받지 못하는 경우 강력한 영향력이나 압력을 행사하여 사회정의를 지키고 유지하는 기술은 옹호기술이다.

정답: ④

02) 지역사회복지실천에서 연계기술(networking)에 관한 설명으로 옳지 않은 것은?
(17회 기출)

① 사회복지관의 서비스 제공과정에서 효율성 증대
② 사회복지사의 연계망 강화 및 확장
③ 이용자 중심의 통합적 서비스 제공
④ 서비스 계획의 공동 수립과 서비스제공에서 팀 접근 수행
⑤ 지역사회복지 의제개발과 주민 의식화

☞ 해설
지역사회 복지의제 개발과 주민 의식화는 임파워먼트 기술에 관한 설명이다.

정답: ⑤

제15장
|
지역사회복지 네트워크의 실제(1)

1. 지역사회보장계획

참여정부의 지방분권 정책에 따라 중앙정부의 권한이 지방으로 이양되고 지방자치가 활성화되면서 지방의 자율성과 책임성이 강화됨. 민간 복지부문도 활성화되는 사회적 변화에 맞춰 중앙정부의 기획에 따라 지방정부가 정책을 집행하는 기존의 형태에서 벗어나 지방정부가 직접 지역의 특성에 민감한 서비스를 개발해야 할 필요성이 제기됨

- 지역사회보장계획
  - 지역사회복지 서비스의 수요 파악 및 공급 역량을 통해 지역복지 과제를 종합적으로 계획하여 추진하기 위해 마련된 제도
- 2015년 「사회보장급여 이용·제공 및 수급권자 발굴에 관한 법률」이 시행됨에 따라 그 범위를 사회보장으로 넓힘

1) 지역사회보장계획 추진 ★★

(1) 2003년 사회복지사업법 개정

2005년 7월 31일부터 시 · 도지사 또는 시 · 군 · 구청장은 4년마다 지역사회복지계획과 연차별 시행계획을 수립하도록 의무화함

(2) 진행

2007~2010년 제1기, 2011~2014년 제2기 지역사회복지계획이 진행됨

(3) 지역사회보장계획으로 변경 ★★

사회복지사업법상의 지역사회복지계획으로 운용되어 오다 2015년 7월부터 「사회보장급여 이용 · 제공 및 수급권자 발굴에 관한 법률」 상의 '지역사회보장계획'으로 변경됨

2) 지역사회보장계획 필요성

① 지역사회복지의 제도화

② 서비스의 지속적 · 안정적 공급

③ 서비스 공급주체의 다원화

④ 사회자원조달과 적정배분

3) 지역사회보장계획 목표 ★★★

① 지역 차원의 통합적 시행계획 수립(통합성)

② 지역주민의 참여 유도(참여성)

③ 수요자 중심의 지역복지실천(이용성)

④ 지역의 사회복지 공급 주체로서 공공과 민간 간 협력(협력성)

4) 지역사회보장계획 시행에 따른 변화 ★★★

① 지역의 실정에 적합한 복지정책의 실현이 가능해짐

② 사회보장에 관한 중앙정부의 방향과 지방자치단체의 방향이 연계되도록 함

③ 지역사회 내 공공과 민간의 연계를 모색하는 기틀이 마련됨

④ 수요자(이용자) 중심의 실천이 강화될 수 있게 됨

⑤ 보다 지속적이고 장기적인 복지정책이 구현이 가능해짐

2. 지역사회보장계획의 수립 ★★★★

1) 수립절차 ★★★
(1) 시·군·구 지역사회보장계획
① 시장·군수·구청장은 지역주민 등 이해관계인의 의견을 들은 후 해당 시·군·
   구 지역사회보장계획(연차별 시행계획 포함)을 4년마다 수립함
② 지역사회보장협의체의 심의와 해당 시·군·구 의회의 보고를 거침
③ 시·도지사에게 제출해야 함

(2) 시·도 지역사회보장계획
① 시·도지사는 제출받은 시·군·구 지역사회보장계획을 지원하는 내용 등을 포함
   한 시·도 지역사회보장계획을 수립함
② 시·도 사회보장위원회의 심의와 해당 시·도의회의 보고를 거침
③ 보건복지부장관에게 제출해야 함
④ 보건복지부장관은 제출된 계획을 사회보장위원회에 보고하여야 함

2) 수립의 원칙
① 지역성: 지역 고유의 특성이 반영되도록 해야 함
② 과학성: 주민의 욕구조사 등 객관적인 분석을 통해 과학적 기초자료를 마련해
   야 함
③ 연속성: 지역사회보장계획은 4년 단위의 중·장기 계획이므로 연차별 시행계획의
   성과 등을 평가하여 매년 사업의 타당성 및 적절성을 점검하면서 사업의 연속성이
   확보되도록 해야 함
   – 사회보장에 관한 기본계획과의 연계를 통해 사회보장의 정책 및 실천의 연속성
     을 확보해야 함

– 시·도 계획과 시·군·구 계획이 유기적으로 연결되도록 해야 함

④ 실천성: 지역사회보장계획은 행정적 재정적 계획을 토대로 하여 실천가능성을 확보해야 함

⑤ 자율성: 계획 자체는 법적으로 의무화되어 있지만, 각 지역의 욕구에 따라 계획의 방향을 세운다는 측면에서 자율성이 보장됨

⑥ 참여성: 계획의 수립·시행, 평가 등의 과정에 주민을 비롯한 지역 보직 활동 주체들의 참여가 필수임

3. 지역사회보장계획의 심의기관 ★★★

1) 지역사회보장협의체(구 지역사회복지협의체) ★★★

지역의 사회보장을 증진하고, 사회보장과 관련된 서비스를 제공하는 관계 기관·법인·단체·시설과 연계·협력을 강화하기 위하여 해당 시·군·구에 설치함

(1) 역할

다음의 사항에 대해 심의·자문함

① 시·군·구의 지역사회보장계획 수립·시행 및 평가에 관한 사항

② 시·군·구의 지역사회보장조사 및 지역사회보장지표에 관한 사항

③ 시·군·구의 사회보장급여 제공에 관한 사항

④ 시·군·구의 사회보장 추진에 관한 사항

⑤ 읍·면·동 단위 지역사회보장협의체의 구성 및 운영에 관한 사항

⑥ 그밖에 위원장이 필요하다고 인정하는 사항

2) 시·도 사회보장위원회(구 사회복지위원회)

(1) 역할 ★★

다음의 사항에 대해 심의·자문함

① 시·도의 지역사회보장계획 수립·시행 및 평가에 관한 사항

② 시·도의 지역사회보장조사 및 지역사회보장지표에 관한 사항

③ 시·도의 사회보장급여제공에 관한 사항

④ 시·도의 사회보장 추진과 관련한 중요 사항

⑤ 그밖에 위원장이 필요하다고 인정되는 사항

4. 지역사회보장계획의 내용 ★★★

1) 시·군·구 계획에 포함되어야 하는 사항 ★★★

① 지역사회보장 수요의 측정, 목표 및 추진전략

② 지역사회보장의 목표를 점검할 수 있는 지표(지역사회보장지표)의 설정 및 목표

③ 지역사회보장의 분야별 추진전략, 중점 추진사업 및 연계협력 방안

④ 지역사회보장 전달체계의 조직과 운영

⑤ 사회보장급여의 사각지대 발굴 및 지원방안

⑥ 지역사회보장에 필요한 재원의 규모와 조달 방안

⑦ 지역사회보장에 관련한 통계 수집 및 관리 방안

⑧ 그밖에 대통령령으로 정하는 사항

2) 시·도 계획에 포함되어야 하는 사항

① 시·군·구의 사회보장이 균형적이고 효과적으로 추진될 수 있도록 지원하기 위한 목표 및 전략

② 지역사회보장지표의 설정 및 목표

③ 시·군·구에서 사회보장급여가 효과적으로 이용 및 제공될 수 있는 기반 구축 방안

④ 시·군·구 사회보장급여 담당 인력의 양성 및 전문성 제고 방안

⑤ 지역사회보장에 관한 통계자료의 수집 및 관리방안

⑥ 그밖에 지역사회보장 추진에 필요한 사항

01) 지역사회보장계획에 관한 설명으로 옳지 않은 것은?　　　　　　(15회 기출)

① 사회보장급여의 사각지대 발굴 및 지원 방안을 모색한다.

② 지역사회보장 수요를 측정하고, 목표 및 추진전략을 수립한다.

③ 주택, 고용, 문화를 제외한 보건과 의료영역에 초점을 둔다.

④ 시·도 및 시·군·구에서 계획을 수립한다.

⑤ 지역사회보장서비스의 수급조정과 안정적 공급을 도모한다.

☞ 해설

지역사회보장계획은 지역 주민 전체를 위한 계획 및 개별 복지 대상 집단별 계획을 모두 포함하는 계획으로 주민복지와 관련된 보건·의료분야와 체육, 문화, 교육, 노동 등 지역사회복지 및 지역 주민의 삶과 밀접하게 관계가 있는 유관분야를 계획의 범위에 포함시키는 종합계획의 성격을 갖도록 한다.

정답: ③

02) 지역사회보장계획에 관한 설명으로 옳지 않은 것은?　　　　　　(16회 기출)

① 지역사회보장서비스의 수급조정과 안정적 공급을 위해 필요하다.

② 시·군·구 및 시·도는 4년마다 지역사회 보장계획을 수립해야 한다.

③ 시·군·구 지역사회보장계획은 시·군·구 의회의 심의와 지역사회보장협의체의 보고를 거쳐야 한다.

④ 「사회보장급여의 이용·제공 및 수급권자 발굴에 관한 법률」에 근거한다.

⑤ 시·군·구 지역사회보장계획은 시행연도의 전년도 9월 30일까지 시·도지사에게 제출되어야 한다.

☞ 해설

시·군·구 지역사회보장계획은 지역사회보장협의체의 심의와 시·군·구 의회의 보고를 거쳐야 한다.

정답: ③

제16장
|
지역사회복지 네트워크의 실제(2)

1. 사회복지협의회 ★★★

사회복지를 목적으로 하는 각종 활동을 조장하고 이를 위한 국민의 참여를 촉진하여 우리나라 사회복지의 향상과 발전에 기여하는 민간단체나 개인의 연합체이며 지역사회의 복지욕구를 효과적으로 달성하기 위한 상호협력 및 조정하는 단체. 중앙협의회, 시·도 협의회 및 시·군·구협의회는 사회복지사업법에 따른 사회복지법인으로 함

1) 사회복지협의회 업무(사회복지사업법 제33조)

① 사회복지에 관한 조사·연구 및 정책건의

② 자료수집 및 간행물 발간 및 교육훈련

③ 자원봉사활동의 진흥

④ 사회복지 관련기관·단체 간의 연계·협력·조정

⑤ 사회복지 소외계층 발굴 및 민간 사회복지 자원관의 연계·협력

⑥ 사회복지사업에 종사하는 자의 교육훈련과 복지증진

⑦ 학술도입과 국제사회복지단체와의 교류

⑧ 보건복지장관이 위탁하는 사회복지에 관한 업무

⑨ 그밖에 중앙협의회 또는 시 · 도 협의회 또는 시 · 군 · 구협의회의 목적달성에 필요하여 정관으로 정하는 사항

2) 사회복지협의회 기능

(1) 지역사회의 복지증진과 관련된 사실 발견

① 지역사회가 당면한 근본문제에 대한 연구나 장기적인 조사 실시

② 다른 연구기관들과의 공동연구 수행

(2) 사회복지기관들의 조정과 협력

① 사회복지기관들 간의 회합과 회의를 개최

② 기관 간의 문제를 해결하기 위한 연구위원회 구성

(3) 지역사회복지의 센터 역할

① 사회복지에 관한 중요회의 주최, 사회복지정책 수립

② 공동의 복지활동을 위한 계속적인 도구의 역할

(4) 사회복지기관 간의 서비스 조정 활동

① 사회복지에 관해 필요한 정보 교류와 위탁 서비스

② 자원봉사자 관리, 사회서비스 교환

(5) 사회복지기관의 업무의 질적 수준을 높임

① 집단적인 방법으로 공공조사

② 업무기준에 관한 연구 · 출판 · 배포 및 공동토의

③ 회의나 회합을 통한 경험을 교환하여 질적인 수준을 높이는데 기여

(6) 정보제공, 교육 및 홍보

사회복지기관 명부 및 간행물의 발간

(7) 사회행동 ★★

① 공공의 이슈에 대한 입장을 밝힘

② 취약 계층의 복지에 관한 입법 대안을 제시하여 독자적인 활동을 하거나 기관·단체들과 공동의 활동 전개

3) 사회복지협의회 기본원칙

(1) 주민욕구기본의 원칙

광범위한 주민의 생활실태·복지과제 등을 파악하도록 노력하고 그 욕구에 입각한 활동을 수행해야 함

(2) 주민활동주체의 원칙

주민의 지역복지에 대한 관심을 높이고 그 자주적인 대응을 기초로 한 활동을 수행함

(3) 민간성의 원칙

민간조직으로서 특성을 살려서 주민 욕구, 지역의 복지과제에 대응하는 개척성, 적응성, 유연성을 발휘한 활동을 수행해야 함

(4) 공사협동의 원칙

공사의 사회복지 및 보건, 의료, 교육, 노동 등의 관계기관, 단체, 주민 등의 협력과 역할분담에 따른 계획적이고 종합적으로 활동을 수행해야 함

(5) 전문성의 원칙

지역복지의 추진조직으로서 조직화, 조사, 계획 등에 관련하여 전문성을 발휘하는 활동을 수행해야 함

4) 사회복지협의회 유형

조직은 주민주체의 원칙에 기초한 시·군·구 지역을 기본단위로 하면서 시·도 및 전국에서 조직되어야 하고 중앙사회복지협의회로서는 한국사회복지협의회가 있음.

광역단체 사회복지협의회(광역시, 도)가 16개 지역에 조직되어 있으며, 기초단체 사회복지협의회로서 시·군·구 단위의 사회복지협의회(이화 지역사회복지협의회)가 전국의 대부분의 지역에 조직되어 있음

(1) 한국사회복지협의회 ★★★

① 1952년 사단법인 한국사회복지협의회로 설립됨
  - 1961년 한국사회복지사업연합회로 개칭하였으며, 1970년 사회복지법인 한국사회복지협의회로 개칭함
  - 1983년 사회복지사업법 개정으로 법정단체가 됨
② 사회복지에 관한 조사·연구와 각종 복지사업에 대한 국민의 참여를 촉진시킴으로써 우리나라의 사회복지 증진과 발전에 기여함

(2) 광역단체 사회복지협의회(광역시·도)

① 1984년 일부 조직되면서 현재 16개 지역에 조직됨
② 한국사회복지협의회의 정관에 의거하여 조직되어 활동하다가 1998년 사회복지사업법의 개정과 함께 사회복지법인으로 인정됨에 따라 한국사회복지협의회의 지원 없이 지방사회복지협의회로 독립되어 운영하는 체제로 변화됨으로써 그 기능이 강화됨
③ 광역시·도 단위에 설립되어 지역사회와 밀접한 사회복지 문제 해결에는 접근하기 어려운 한계가 있음

(3) 지역사회복지협의회(시·군·구)

① 현황
  - 광역단체 사회복지협의회가 시·군·구 단위 사회복지 기관 및 시설과의 협의·조정 역할에 한계가 있자 지역주민들의 자생적 필요성에 의해 1995년 원주시 사회복지협의회가 가장 먼저 조직되었음
    • 이후 지역사회복지협의회의 실시, 지역사회복지계획의 수립 등 사회복지사업법에 개정에 따라 지역사회복지협의회의 조직이 증가하였음

- 현재 전국 대부분의 지역에 조직되어 있음
- 사회복지사업법(2003.7.30개정)에 따라 사회복지법인으로 법적인 근거를 마련함
  - 2005년 7월 31일부터 시·군·구 사회복지협의회의 설치에 관한 규정이 시행되고 있음
② 기능 및 역할
- 지역사회복지협의회는 지역사회복지의 대표적인 협의·조정기관으로서 주민에게 복지서비스 제공, 다양한 사회복지기관들의 욕구달성, 기능 강화 등을 위해 정보를 제공하며 서비스를 조정하는 자주적인 민간 조직이라 할 수 있음
- 지역사회복지협의회의 기능을 살펴보면 지역사회복지활동 기능, 연락, 조정, 협의 기능, 지원, 유지 기능 등을 들 수 있음

〈 사회복지협의체와 사회복지협의회의 기능 비교 〉

사회복지협의체	사회복지협의회
- 사회복지 부문의 주요사항 심의 - 서비스 부문 간 연계 강화 - 지역사회복지 자원 개발 - 지역사회복지협의체 운영 대한 논의 - 지역복지계획과 관련된 논의, 협의 - 협의된 사항의 시행에 대한 모니터링 ※ 지역사회보장협의체(2015)로 변경	- 지역사회의 복지증진과 관련된 사실 발견 - 사회복지관들은 조정과 협력 - 지역사회복지의 센터 역할 - 사회복지기관 간의 서비스 조정활동 - 사회복지기관의 업무의 질적 수준을 높임 - 지역사회복지를 위한 공동의 계획수립·실천 - 정보제공, 교육 및 홍보 - 자원동원 및 제정안정 도모 - 사회행동

2. 지역사회복지협의체(현, 지역사회보장협의체)

시·군·구 지역사회복지계획을 수립할 때 지역사회복지협의체의 심의를 거침

1) 지역사회복지협의체 구성

① 2005년 7월 31일 시행

② 지역복지증진을 위한 민간의 참여기반 마련하고 지역사회복지 관련 주체들의 참여 전제

③ 지역 내 복지문제를 해결하기 위한 민주적 의사소통구조 확립

④ 제한된 복지자원의 효율적 이용을 통한 복지서비스의 극대화

⑤ 지역복지에 관한 정보공유를 위한 제도화 및 체계화

⑥ 민관 협력체제로서 협의체에 실무 협의체를 둘 수 있어 실무자의 참여를 포함함으로써 다층적인 구성이 가능

⑦ 지역사회복지 협의체 기본적인 원칙은 지역의 복지관련 단체들의 자발성에 기초한 자율적인 협의체이어야 함

⑧ 지역사회복지협의체의 구성은 지역사회복지협의체에 실무협의체를 둘 수 있는데, 위원장 1인을 포함한 10인 이상 30인 이하의 위원으로 구성함

2) 지역복지협의체의 기능과 역할

① 서비스 제공기관 간 연계 및 협력을 통해 자원제공의 중복과 누락 방지

② 주민들이 필요로 하는 서비스를 One-stop으로 제공하고 다양한 복지기관 및 시설 연결

③ 수용자 중심의 통합적 복지서비스 제공 기반마련

④ 지역복지계획 수립 및 서비스의 연계와 조정

⑤ 자원동원과 욕구조사 및 자발성에 기초한 자율적인 협의체를 지향

⑥ 지역사회복지협의체 가운데 실무 협의체의 역할은 사회복지서비스의 질 향상을 위한 다양한 사업안을 협의하여 상정하는 것

3) 지역사회복지협의체 구조

① 대표협의체, 실무협의체, 실무분과로 구성되어 있음

② 대표협의체는 공공기관, 민간기관, 이용자대표로 구성되어 있음

③ 실무분과는 실무협의체 내에 별도로 구성하는 것을 원칙으로 함

④ 실무분과는 대상별, 지역별, 기능별 등 다양한 형태로 구성이 가능함

⑤ 대표협의체와 실무협의체위원의 임기는 2년임

4) 지역사회복지협의체 운영원칙

① 지역특성을 반영하는 탄력성이 필요함

② 지방자치단체의 참여를 보장하되 민간의 주도와 공공의 지원 구조를 지향하여야 함

③ 실무자의 참여와 활동을 강화하고, 협의체 참여자들의 의견수렴이 전제되어야 함

④ 기존 민간기관에서 실시하는 사업과 중복되지 않아야 함

⑤ 자원이 부족한 지역은 자원개발 중심사업을 시행함

⑥ 자원이 풍부한 지역은 지역주민 욕구 충족 중심 사업을 시행함

5) 대표협의체의 역할

① 지역사회복지계획과 관련된 다양한 논의, 협의 결정

② 지역사회복지협의체의 운영에 관한 논의

③ 지역의 복지문제 전반에 대한 논의 및 협의

④ 협의된 사항 시행에 대한 모니터링

01) 사회복지협의회에 관한 설명으로 옳은 것은?   (17회 기출)

① 읍·면·동 중심의 공공부문 전달체계와 지역사회보고체계를 구축하고 운영한다.

② 관계법령에 따라 10명 이상 40명 이하의 규모로 위원회를 구성해야 한다.

③ 시·군·구 단위에 의무적으로 설치하여야 한다.

④ 사회복지시설 및 기관 중심의 지역사회복지 증진을 위한 법정단체이다.

⑤ 사회보장급여의 이용·제공 및 수급권자 발굴에 관한 법률에 근거하여 설립된다.

☞ 해설

사회복지협의회는 한국사회복지협의회, 광역단체 사회복지협의회, 지역사회복지협의회로 조직되어 있다. 사회복지사업법에 법적 근거는 있지만 설립이 의무인 것은 아니다.

정답: ④

02) 지역사회보장협의체에 관한 설명으로 옳지 않은 것은?   (16회 기출)

① 사회보장 관련 서비스 제공 기관과의 연계·협력을 강화할 목적으로 운영된다.

② 공공과 민간의 적극적이고 자발적인 참여가 전제되어야 한다.

③ 2015년 지역사회복지협의체가 지역사회보장협의체로 명칭이 변경되었다.

④ 실무협의체는 시·군·구의 사회보장급여 제공에 관한 사항을 심의·자문한다.

⑤ 사회보장관련 기관·법인·단체·시설 간 연계와 협력 가화를 위해 실무분과를 운영한다.

☞ 해설

지역사회보장협의체의 실무협의체는 지역사회보장협의체의 업무를 효율적으로 수행하기 위하여 구성·운영한다. 시·군·구의 사회보장급여 제공에 관한 사항을 심의·자문하는 기구는 지역 사회보장협의체의 대표협의체의 업무이다.

정답: ④

제17장
|
지역사회복지실천의 추진체계(1)

1. 지방분권화

1) 지방분권화의 개념과 의의

(1) 개념

① 중앙정부에 과도하게 집중되어 있는 행정기능과 권한을 지방정부에 이양하여 지방의 권한이 강화되는 것을 의미함

② 우리나라의 경우 실정에 맞는 분권화의 계획·조직·통제·조정 등의 업무가 아직 마련되어 있지 못했으며, 하급기관의 불신이 커 이론적 수준과 여론의 수준에서만 논의되고 있는 실정임

③ 분권화는 의사결정의 권한을 위임하거나 전결의 방식으로 분산하는 것이 효과적임

(2) 의의

① 지방정부의 자율성강화

② 지역의 특성에 맞는 정책 수립

③ 사회복지서비스 공급 측면에서 지방자치단체의 역할과 책임 강화

④ 지역 간 균형 있는 발전을 도모

⑤ 지역주민의 참여 기회 확대

2) 지방자치체·지방분권화가 지역사회복지에 미치는 영향 ★★★★

(1) 긍정적 영향 ★★★

① 지방정부의 자율성 강화

② 지역주민의 복지의식을 고취하여 균형발전 도모

③ 지방의 발언권 강화로 사회복지비 배분의 불균형이 점차 시정

④ 사회복지서비스의 기획과 집행에서 지방정부의 역량이 강화

⑤ 주민의 욕구에 반응하는 맞춤서비스를 제공

(2) 부정적 영향 ★★★

① 사회복지에 관한 중앙정부의 책임 감축으로 중앙정부지출의 감소

② 지방재정의 악화로 사회복지서비스의 공급이 축소될 가능성

③ 지역 간 사회복지 수준의 격차가 확대될 우려

④ 지역 간 복지서비스의 격차가 발생하고, 보편적 복지서비스의 발전에 한계로 작용

(3) 과제 ★★★★

① 복지재정의 불평등과 복지수준의 격차를 줄일 수 있는 정책이 필요함

② 중앙정부와 지방정부 간의 유기적 관계를 유지하고 역할 분담이 명확하게 이루어져야 함

③ 사회복지 재정 확대, 재정확보를 위한 중앙정부로부터의 지원과 노력이 필요함

④ 지역주민의 삶의 질 향상을 위해서 지방정부뿐만 아니라 적극적인 주민참여와 민간부문의 역량강화가 필요함

⑤ 지역사회 수준에서 사회복지를 주도적으로 기획하고 집행할 수 있는 다양한 제도적 장치와 환경을 마련할 필요가 있음

(4) 지방분권화에 따라 변화된 지역사회복지 여건

① 사회복지전달체계의 개선노력 증대

② 지방정부의 복지행정 역량강화

③ 지역이기주의는 증대되는 추세

2. 사회복지전담공무원

- 사회복지사업법 제14조 규정에 따름
- 사회복지업무를 담당하는 지방자치단체의 사회복지직 공무원으로 주로 읍·면·동에 배치되어 근무하고 있음
- 2002년부터 시·도 및 시·군·구 사회복지관련 부서에서도 근무하고 있음
- 2000년 1월부터 사회복지전담공무원의 직렬은 별정직에서 일반직 사회복지직으로 전환됨
- 명칭도 사회복지전담공무원으로 불림
- 사회복지직렬은 2급 이상의 사회복지사 자격증을 가진 사람만 응시할 수 있음
- 공무원임용시험을 통해 시·군·구청장이 임용함

1) 사회복지전담공무원의 연혁

① 1987년 저소득층 취약계층에서 전문적인 복지서비스를 제공하기 위하여 사회복지전문요원이라는 이름으로 최초 배치

② 1992년 사회복지사업법의 개정을 통해 사회복지전담공무원에 대한 법적 근거 마련

③ 1999년 사회복지전문요원의 일반직 전환 지침을 마련하여 2000년부터 실제 사회복지전문요원의 직렬이 별정직에서 일반직으로 전환

④ 2011년 9월 30일 행정안전부에서 지자체 사회복지담당공무원 확충 시행지침을 지자체에서 통보, 2014년 사회복지담당공무원의 단계적 확충 계획을 발표

2) 사회복지전담공무원의 직무내용

① 생계, 의료, 교육 등 국민기초생활보장 급여지급 업무

② 저소득가구 자활, 직업훈련, 융자 등 자립지원

③ 장애인, 노인 등에 대한 각종 지원시책 안내 및 제공

④ 요보호아동 지원(가정위탁 등)

⑤ 모 · 부자가정 지원

⑥ 복지대상자 사례관리

3. 지역복지 환경의 변화

1) 특징

① 지역사회복지계획의 시행과 함께 사회복지서비스공급 중심축을 지방으로 이전시키는 흐름이 본격화되고 있음

② 중앙정부의 국고보조 사업으로 운영되던 사회복지사업중 상당부분이 지방으로 이양됨

③ 행정자치부 주관의 주민생활지원서비스 강화를 위한 행정체계 개편이 진행되고 있음

④ 지역사회복지협의체의 경우처럼 민관의 공동협력이 강조되고 있음

⑤ 중앙정부의 책임을 강화하거나 중앙정부와 지방정부의 의무에 관한 명확한 규정이 없어서 각 주체들의 역할이 모호하며, 중앙정부의 책임을 지방에 전가할 수 있는 우려가 있음

4. 로스가 말하는 지역사회복지가 발전해야 할 필요성 ★★

1) 필요성

① 사회복지의 목적달성을 위해서는 지역사회 안에서 목적을 추구함

② 대상자 욕구 충족의 측면에서 지역사회와 우호적인 관계를 유지해야 함

③ 문제발생의 사후대책보다 예방대책의 합리적인 적용이 필요함

④ 제도 및 정책에 대한 참여의 수준에서 지역사회 주민의 참여가 필요함

⑤ 국가와 지역 간의 역할을 적절히 설정하여 수행하는 것이 바람직함

5. 재가복지

1) 우리나라의 재가복지

보건복지부 지침

• 지역사회 내에서 일정한 시설과 전문 인력을 갖추고 필요한 재가복지서비스를 제공하는 것이라고 정의

• 여러 가지로 도움이 필요한 노인, 장애인, 아동들을 시설에 수용하지 않고 집에 거주하게 하면서 지역사회의 가정봉사원을 가정으로 파견하거나 또는 재가복지센터로 통원을 하게 하여 일상생활을 위한 서비스와 자립할 수 있는 프로그램을 제공하는 것이라고 정의할 수 있음

(1) 등장 배경

① 가족의 구조와 기능 변화

② 취업여성의 증가

③ 예방, 재활, 사회통합에 목적을 둔 서비스의 필요성

④ 정상화의 이념에 입각한 사회복지의 변화경향

⑤ 가정 내에서의 대상자 보호의 어려움 증가

⑥ 보호 대상의 확대 요구

2) 재가복지의 종류

① 단기보호서비스: 안정과 휴양의 장소 제공, 보호 감독의 서비스를 받을 수 있고 장

애에 따른 사회적 고립을 예방할 수 있음

– 가벼운 질병이나 장애에 대한 의료 재활 서비스

② 주야간보호사업: 가정에서 통원하면서 서비스를 제공

③ 가정봉사원 파견사업: 혼자서 일상생활을 하기 곤란한 노인을 위해 각종 생활편의를 위한 서비스를 제공하는 프로그램

④ 방문요양 · 목욕 서비스

⑤ 방문간호 서비스

⑥ 복지용구 매매 · 임대서비스

01) 지방자치가 지역사회복지에 미친 긍정적 영향을 모두 고른 것은?　　(15회 기출)

> ㄱ. 지역사회복지에 대한 주민의 주체적 참여기회 제공
> ㄴ. 주민욕구 맞춤형 복지 프로그램 제공
> ㄷ. 지방행정부서의 역할 강화
> ㄹ. 비정부조직(NGO)의 자원 활용

① ㄱ, ㄴ　　　　　　② ㄴ, ㄷ　　　　　　③ ㄱ, ㄴ, ㄷ
④ ㄱ, ㄷ, ㄹ　　　　　⑤ ㄱ, ㄴ, ㄷ, ㄹ

☞ 해설

지방자치제 실시로 지방행정부서의 역할이 강화되고 지역사회복지에 대한 주민의 주체적 참여기회가 확대되고 있다. 비정부조직(NGO)의 자원을 활용하여 주민욕구 맞춤형 복지 프로그램 제공도 가능해졌다.

정답: ⑤

02) 최근 우리나라의 지역사회복지 동향에 관한 내용으로 옳은 것은?

(16회 기출)

① 중앙정부 중심의 지역사회복지서비스 전달체계 구축
② 복지재정 분권화로 인한 지역 간 사회복지 불균형
③ 다양한 서비스 공급 주체의 참여 축소
④ 서비스 이용자의 권리 제한
⑤ 지역사회 복지네트워크의 중요성 감소

☞ 해설

사회복지 재정을 확대하기 어려운 중앙정부가 지방분권화라는 이름하에 지방정부에

게 사회복지 업무를 강제로 떠맡김으로써 재정능력이 취약한 지방자치단체는 주민의 욕구를 충분히 충족시키지 못하게 되어, 지역 간 복지수준의 격차가 더 벌어지게 되었다.

정답: ②

제18장
|
지역사회복지실천의 추진체계(2)

1. 사회복지관

1) 사회복지관 역할
지역사회 내에서 일정한 시설과 전문 인력을 갖추어 지역사회의 인적 · 물적 자원을 동원하여 지역사회복지를 중심으로 주민들의 욕구와 문제에 서비스를 맞추어 조정하고 통합하여 효과적으로 서비스체계를 수립하는 사회복지시설

2) 사회복지관 기능
① 보호서비스의 제공
② 자립능력 배양을 위한 교육훈련 제공
③ 재가 복지서비스의 제공
④ 지역사회 문제의 예방 및 치료

3) 사회복지관 운영 원칙 ★★
(1) 지역성의 원칙

수혜주민의 욕구와 지역사회의 특수성에 따라 사회복지관 사업이 발생하고 운영 되어야 함

(2) 전문성의 원칙

다양한 지역사회문제에 대처하기 위해 지식과 기술을 보유한 전문 인력이 사업을 수행하도록 하고, 이들 인력에 대한 지속적인 재교육 등을 통해 전문성을 증진토록 해야 함

(3) 자율성의 원칙

다양한 복지서비스를 효율적으로 제공하기 위하여 사회복지관의 능력과 전문성이 최대한 발휘될 수 있도록 자율적으로 운영하여야 함

(4) 책임성의 원칙

사회복지관은 서비스 이용자의 욕구를 충족하고 지역사회문제를 해결함에 있어서 효과성을 극대화하기 위하여 최선의 노력을 기울여야 함

(5) 중립성의 원칙

정치활동, 영리활동, 특정 종교 활동 등에 이용되지 않게 중립성이 유지되어야 함

(6) 통합성의 원칙

사업을 수행함에 있어 지역 내 공공 및 민간복지 간에 연계성과 통합성을 강화시켜 지역 사회복지체계를 효율적이고 효과적으로 운영되도록 해야 함

4) 사회복지관 역사
(1) 태동기
① 우리나라 최초의 사회복지운동은 1906년 원산에서 미국의 감리교 여선교사인 메리 놀즈에 의해 시작되었음
② 여성계몽, 빈곤문제 해결이 주축이 되었음
③ 사회복지관 설립·운용이 외국의 종교단체에 의해 민간주도로 이루어짐

(2) 형성기

① 대학부설 사회복지관이 출현했음

② 개인 및 민간단체들에 의해 사회복지관이 설립됨

③ 국가보조금의 법적 근거는 마련되지 않음

(3) 확대기

① 공식적인 국가지원이 이뤄지고, 재벌기업 및 민간단체에 의한 사회복지관이 활성화 됨

② 사회복지관이 운영·건립되고, 국고보조사업의 지침이 마련되면서 전문사회복지 인력이 배치됨

- 1906년 원산 인보관운동에서 사회복지관 사업 태동
- 1921년 서울에 최초로 태화여자관 설립
- 1926년 원산에 보혜여자관 설립
- 1930년 서울에 인보관 설치
- 1976년 한국사회복지연합회 설립(22개 사회복지관)
- 1983년 사회복지사업법 개정으로 사회복지관 운영 국고보조
- 1988년 사회복지관 운영·국고보조사업지침 수립
- 1989년 주택건설촉진법 등에 의해 저소득층 영구임대아파트 건립 시 일정규모의 사회복지관 건립을 의무화
- 1989년 사회복지법인 한국사회복지관협회 설립
- 2012년 사회복지사업법 개정으로 사회복지관의 설치 등에 관한 규정 신설

5) 사회복지관 설치·운영 ★★★

(1) 설치

① 설치의 우선순위: 시·도지사 및 시장·군수·구청장이 사회복지관을 설치하고자 할 때에는 저소득층 밀접지역에 우선 설치하되, 사회복지관이 일부 지역에 편중되지 않도록 함

② 설치·운영 주체

- 사회복지관은 지방자치단체, 사회복지법인 및 기타 비영리법인이 설치·운영할 수 있음
- 지방자치단체는 사회복지관을 설치한 후 사업의 전문성을 향상시키기 위해 운영능력이 있는 사회복지법인 등에 위탁하여 운영할 수 있음
- 지방자치단체는 공공단체의 시설물을 위탁받아 사회복지관을 설치·운영하거나 사회복지법인 등에 위탁하여 운영할 수 있음

(2) 운영
① 사업계획의 수립
- 사회복지관의 사업계획 수립 시에는 지역주민의 복지욕구에 대한 조사, 주민간담회 및 공청회 등을 통하여 지역주민은 물론 시민단체, 관계 행정기관 등 지역사회구성원들의 의견을 충분히 수렴하여 반영하도록 함
② 행정기관 연계
- 시·도지사 및 시장·군수·구청장은 사회복지관이 지역사회보장협의체에 참여하여 일선 행정기관과 연계하는 등 업무수행에 있어서 민·관의 파트너십 형성을 통한 관리 및 운영의 실효성이 높아질 수 있도록 적극 장려함
③ 자원봉사자의 교육 및 활용
- 사회복지관의 장은 주민참여를 통해 사회복지관 사업의 효율을 높이기 위하여 사업의 전문분야별로 전문지식과 기술을 가진 자원봉사자를 발굴하여 교육 후 활용하도록 함
- 자원봉사자에 대해서는 사회복지관 사업을 대한 예비지식을 사전에 충분히 숙지하도록 하여 책임을 갖게 하고, 항상 계획적이고 조직적으로 활용할 수 있는 방안을 모색해야 함
④ 비용의 수납
- 사회복지관의 사업수행은 주민의 의타심을 방지하고 사업의 효과를 높이기 위하여 사업에 소요되는 최소한의 실비를 이용자로부터 수납할 수 있음
  • 다만, 실비이용료 수납 프로그램에 대해서는 국민기초생활보장 수급권자 등 무료 이용자를 20% 내외로 함

– 수납된 실비이용료는 사회복지관의 세입예산에 편입하여 실비이용료를 받는 사업의 자체비용에 충당하고, 그 외에 남은 금액에 대하여는 국민기초생활보장 수급권자 등 저소득층을 위한 사업에 우선적으로 사용하여야 함

(3) 후원금 관리 ★★

법인의 대표이사와 시설의 장은 후원금의 수입·지출 내용과 관리에 명확성이 확보되어야 함

① 후원금의 수입 및 사용내용 통보 등에 관한 사항

– 법인의 대표이사 및 시설의 장은 후원금을 받을 때에는 각각의 법인 및 시설별로 후원금 전용계좌 등(법인명의의 후원금전용계좌나 시설의 명칭이 부기된 시설장 명의의 계좌)을 구분하여 사용하여야 하며, 미리 후원자에게 후원금전용계좌 등의 구분에 관한 사항을 안내하여야 함

– 모든 후원금의 수입 및 지출은 후원금전용계좌 등을 통하여 처리하여야 함(물품 형태의 후원금은 제외)

– 법인의 대표이사와 시설의 장은 연1회 이상 해당 후 후원금의 수입 및 사용내용을 후 원금을 낸 법인·단체 또는 개인에게 통보하여야 함(법인 발행하는 정기간행물 또는 홍보지 등을 통한 일괄통보 가능)

– 법인의 대표이사의 시설의 장은 결산보고서를 제출할 때에 후원금수입 및 사용결과보고서(전산파일포함)를 관할 시·군·구청장은 제출받은 후원금수입 및 사용결과보고서를 제출받은 날부터 20일 이내에 인터넷 등을 통하여 3개월 동안 공개하여야 하며, 법인의 대표이사 및 시설의 장은 해당 법인 및 시설의 게시판과 인터넷 홈페이지에 같은 기간 동안 공개하여야 함(후원자의 성명 및 법인의 명칭은 비공개)

② 용도 및 사용금지

– 법인의 대표이사와 시설의 장은 후원금을 후원자가 지정한 사용용도 외의 용도로 사용하지 못함

– 보건복지부장관은 후원자가 사용 용도를 지정하거나 아니한 후 후원금에 대하여 그 사용기준을 정할 수 있음

6) 사업의 대상 ★★

① 사회복지관 사업의 대상은 사회복지서비스 <u>욕구를 가지고 있는 모든 지역주민</u>으로 함

② 다음 주민을 <u>우선적인 사업대상</u>으로 하여야 함
- 국민기초생활보장 수급자, 차상위 계층
- 장애인, 노인, 한부모가정, 다문화 가정
- 직업 및 취업 알선이 필요한 주민
- 보호와 교육이 필요한 유아 · 아동 및 청소년
- 그밖에 사회복지관이 사회복지서비스를 우선 제공할 필요가 있다고 인정되는 주민

7) 사업내용 ★★★★

① 사회복지관은 <u>사례관리 기능, 서비스 제공 기능, 지역조직화 기능</u> 등을 수행함

② 사회복지관에는 사무분야 및 사업 분야별로 이를 수행할 수 있는 직원을 각각 두거나 겸직할 수 있도록 함

③ 사회복지관의 관장은 지역사회의 특성과 지역주민의 복지욕구를 고려한 사업을 선택하여 복지사업을 수행해야 한다. 지역주민의 복지욕구에 대한 조사, 관계 행정기관 및 단체의 의견을 수렴하여 매년도의 사회복지관 복지사업계획을 수립해야 함

〈 사회복지관에서 제공하는 지역사회보호사업의 내용 〉

분야	단위사업	우선사업 대상 프로그램
지역사회보호 사업	– 급식서비스 – 보건의료서비스 – 일시보호 서비스 – 일상생활 지원 – 경제적 지원 – 정서서비스	– 급식서비스 (식사배달, 밑반찬 배달, 무료급식 등) – 주간보호소 및 단기보호소 운영

01) 다음 사업을 모두 수행하는 지역사회 복지기관은? (16회 기출)

> • 주민복지증진사업, 주민조직화 사업
> • 사례 발굴 및 개입
> • 아동 · 청소년 사회교육, 문화복지사업

① 사회복지관
② 지역사회보장협의체
③ 지역자활센터
④ 지역아동센터
⑤ 자원봉사센터

☞ 해설

사회복지관의 3대 기능은 사례관리, 서비스 제공, 지역조직화이다. 주민복지증진사업, 주민조직화 사업은 지역조직화 기능에 해당. 사례 발굴 및 개입은 사례관리 기능, 아동 · 청소년 사회교육, 문화복지사업은 서비스 제공 기능에 속한다.

정답: ①

02) 다음 사례의 ㄱ, ㄴ과 관련한 사회복지관의 역할을 순서대로 옳게 나열한 것은?

(17회 기출)

> ㄱ. A종합사회복지관은 인근 독거노인의 복합적이고 장기적인 욕구를 사정하고 통합적인 서비스 제공 및 점검계획을 수립하였다.
> ㄴ. 이후 독거노인의 생활을 지원하기위해 주민봉사단을 조직하여 정기적인 가정방문을 실시하고 있다.

① 지역사회보호, 주민조직화
② 사례개입, 당사자 교육
③ 서비스 연계, 자원개발 및 관리
④ 서비스 제공, 복지네트워크 구축
⑤ 사례관리, 주민조직화

☞ 해설

사회복지관의 3대 기능은 사례관리, 서비스제공, 지역조직화이다. 사례관리는 사례발굴, 사례개입, 서비스연계 역할, 서비스 제공은 가족기능 강화, 지역사회보호, 교육문화, 자활지원, 지역조직화는 복지네트워크구축, 주민조직화, 자원개발 및 관리와 관련이 깊은데, 주민조직화는 주민이 지역사회 문제에 스스로 참여하고 공동체 의식을 갖도록 주민 조직의 육성을 지원하고, 이러한 주민협력 강화에 필요한 주민의식을 높이기 위한 교육을 실시하는 사업이다.

정답: ⑤

제19장
|
지역사회복지 실천의 추진체계(3)

1. 자활사업

국민기초생활보장법에 따른 국민기초생활 수급자, 차상위자 등 일을 할 수 있는 근로
빈곤층의 자립자활을 지원하기 위하여 근로역량 및 일자리제공 등을 통한 다양한 자
활지원프로그램을 제공하는 2000년 1월부터 시행한 보건복지부 주관 사업임

1) 자활사업 대상자

국민기초생활보장법에 따라 수급권자를 자활사업에 참여하기 위한 사전조치로서 근
로능력의 유·무를 판정하여 근로능력이 있는 수급자에 대하여 조건부과 및 유예를
결정하고, 확인조사 등 자활사업 대상자의 선정과 관리에 필요한 조치를 안내함

① 일반수급자: 조건부수급자가 아닌 수급자
② 조건부 수급자: 근로 능력 있는 수급자 중 자활사업 참여를 조건으로 생계급여를
　지급받는 수급자(조건으로 제시된 자활사업에 참여하지 않으면 생계급여 중지)
③ 자활급여특례자: 수급자가 자활근로, 자활공동체, 자활취업촉진사업 등 자활사업
　에 참가하여 발생한 소득으로 소득 인정액이 선정기준을 초과한 자
④ 특례수급자의 가구원: 의료급여특례, 교육급여특례가구의 근로능력 있는 가구원

중 자활사업 참여를 희망하는 자

⑤ 차상위계층: 소득 인정액이 최저생계비의 120% 미만인 자

⑥ 2007년부터 소득 인정액이 최저생계비의 120% 미만인 자로서 미성년 자녀를 양육하고 있는 국적 미취득의 여성 결혼이민자도 자활사업 대상자에 포함

⑦ 근로능력이 있는 시설수급자: 기초생활보장 시설수급자, 일반시설생활자

2) 시설수급자의 자활사업 참여(본인 희망시)

(1) 대상

① 시설보호중인 기초생활보장 수급자: 일반수급자의 참여절차 준용

② 타법에 의한 시설보호자: 차상위 계층의 참여절차 준용

(2) 의뢰절차

① 복지부 자활사업: 시설장 → 시 군 구 → 자활사업실시기관

② 노동부 자활사업: 시설장 → 시 군 구 → 고용지원센터

 - 시설 소재지 관할 시 군 구청장은 추진 중인 "자활사업안내" 정보를 시설장에게 제공하여야 함

〈 자활사업추진체계 〉

구 분	기능 역할	비 고
보건복지부	• 국민기초생활보장제도 총괄 • 종합자활지원계획 수립(매년 12월) • 자활프로그램 개발 및 추진 • 지역자활센터 지정 및 관리	자활정책 사업 총괄관리
시 군 구	• 지역자활지원계획 수립(매년1, 2월) • 자활기금의 설치 및 운영 • 급여 실시여부 및 내용결정, 지급 • 자활기관협의체 운영 • 가구별 자활지원계획 수립 및 관리 • 생계급여중지여부 결정	자활사업 총괄시행

→

구 분	기능 역할	비 고
읍 면 동	• 조건부수급자 확인조사	조건부수급자 관리
노동부	• 종합취업지원계획 수립(매년 12월) • 취업지원프로그램 개발 및 추진	취업대상자 총괄관리
고용지원센터	• 개인별 취업지원계획수립 및 관리 • 취업알선 등 취업지원프로그램 시행 • 취업대상자의 조건이행여부 확인	취업지원시행

3) 자활사업 지원체계

(1) 지역자활센터

① 목적: 근로능력이 있는 저소득층에게 집중적 체계적인 자활지원서비스를 제공함으로서 자활의욕고취 및 자립능력 향상을 지원하고 기초수급자 및 차상위 계층의 자활 촉진에 필요한 사업을 수행하는 핵심 인프라로서의 역할을 수행하도록 함

② 주요 사업 ★★★

- 자활의욕 고취를 위한 교육
- 자활을 위한 정보제공 상담 직업교육 및 취업알선
- 자영창업 지원 및 기술 경영지도
- 자활기업의 설립 운영지원
- 사회서비스 지원 사업
- 기타 자활을 위한 각종 사업

③ 운영 기본원칙

- 참여주민 고유성과 존엄성의 원칙: 인도주의 원칙에 입각하여 주민들의 개별성과 존엄성을 최대한 보장함
- 주민 자발성의 원칙: 저소득층 주민의 자발적 참여와 자조 · 자립을 위해 지원하는 주민의 역할과 책임을 장려함
- 독립성의 원칙: 독립된 행정체계와 운영체계를 가져야 하며, 기존 복지관이나 시설의 프로그램 일부로 편입되어 운영되어서는 안 됨

- 기준시설 확보의 원칙: 주민들과의 상담, 교육, 훈련 및 경영지도 등의 자활, 자립을 도모하는 종합적인 서비스를 제공하기 위하여 일정한 규모의 기준시설을 확보해야 함
- 전문가에 의한 사업수행의 원칙: 지역사회복지, 지역사회 조직 및 개발 관련 분야의 전문지식과 함께 지역조직 활동에 전념하여 지역현장 경험을 갖춘 전문적이고 헌신적인 인력에 의해 수행함
- 지역사회 제반자원 활용의 원칙: 주민의 자활, 자립을 위하여 지역 내 다양한 물적, 인적 자원을 필요로 하며, 이를 위해 지역의 제반자원을 조직하고 동원하여 가용자원으로 활용함
- 사업실행 평가의 원칙: 주민들의 생활향상과 변화의 효과, 제정투자의 효과, 사업 내용 및 방법의 적합성 등이 지속적으로 평가되어야 하며, 평가 결과를 새로운 사업 수행에 환류시켜 활용되도록 함

(2) 광역자활센터
① 목적
- 기초단위에서 단편적으로 추진되고 있는 자활지원체계를 광역단위의 자활사업 인프라를 구축하여 종합적이고 효율적으로 자활사업을 추진함으로써 자활사업의 효과성 제고 및 활성화 도모함
- 중앙-광역-지역으로 이루어지는 효율적인 자활지원 인프라를 통한 자활사업의 내실 및 자활지원 정책의 효과적인 전달체계 형성함
② 주요 사업
- 시·도 단위의 자활기업 창업 지원
- 시·도 단위의 수급자 및 차상위자에 대한 취업, 창업지원 및 알선
- 시·도 단위의 지역자활센터 종사자 및 참여자에 대한 교육훈련 및 지원
- 시·도 단위의 지역자활센터 및 자활기업에 대한 기술, 경영지도
- 지역특화형 자활프로그램 개발 보급

(3) 중앙자활센터
① 목적: 자활지원을 위한 조사 연구 및 프로그램 개발 평가, 민간자원 연계 등의 기

능 수행 및 자활관련 기관 간의 협력체계 구축 등의 지원업무를 전담하여 자활사업 지원체계의 전문성 및 효율성 제고

② 주요 사업

- 자활지원을 위한 조사·연구·교육 및 홍보사업
- 자활지원을 위한 사업의 개발 및 평가
- 광역자활센터, 지역자활센터 및 자활기업의 기술 경영지도 및 평가
- 자활 관련 기관 간의 협력체계 및 정보네트워크 구축 운영
- 취업·창업을 위한 자활촉진 프로그램 개발 및 지원
- 전국 단위에 자활기업 창업지원
- 기타 자활촉진에 필요한 사업으로서 보건복지부장관이 정하는 사업

(4) 자활기관협의체

① 목적

- 조건부수급자 등 저소득층 자활을 위한 사업 의뢰 및 사후관리체계 구축
- 지역자활지원사업의 활성화를 위한 공공 민간자원의 총체적 활용 도모
- 수급자의 자활 및 복지욕구 충족을 위한 지역사회 중심의 복지서비스 연계 시스템을 마련함으로써 실질적인 사례관리 체계 구축

② 개념: 시장, 군수, 구청장이 조건부수급자 등 저소득층에 대한 자활지원사업의 효율적인 추진을 위하여 직업안정기관, 자활사업실시기관 및 사회복지시설 등의 장으로 구성된 상시적인 협의체

(5) 자활근로사업 유형

근로유지형, 사회서비스형, 인턴도우미형, 시장진입형

(6) 자산형성 지원사업

① 희망키움통장 I – 2010년 도입
② 희망키움통장 II – 2014년 도입
③ 내일키움통장 – 2013년 도입

01) 지역사회 복지기관에 관한 설명으로 옳지 않은 것은?　　　　　　(16회 기출)

① 지역자활센터에서는 조건부수급자만을 대상으로 자활의욕 고취를 위한 사업을 추진한다.

② 사회복지관은 경제적 지원, 일상생활 지원 등의 지역사회보호 사업을 수해한다.

③ 자원봉사센터는 자원봉사를 필요로 하는 기간과 단체에 자원봉사자를 공급한다.

④ 자활기업은 저소득층의 탈 빈곤을 위한 자활사업을 운영한다.

⑤ 사회복지공동모금회는 취약한 사회복지현장의 역량강화를 위해 준제를 정하여 사업을 배분하기도 한다.

☞ 해설

자활사업 대상자는 조건부수급자, 자활급여특례자, 일반수급자, 특례수급가구의 가구원, 차상위자, 근로능력이 있는 시설수급자 등이다.

정답: ①

제20장
|
지역사회복지 실천의 추진체계(4)

1. 공동모금회

- 지역사회조직사업 중에 시민이 광범위하게 참여할 수 있는 것
- 시민과 사회복지지관간의 협동적인 조직이라고 볼 수 있음
- 전 국민을 대상으로 모금하고 전국사회복지단체에 적절히 배분하도록 되어 있음
- 우리나라에서는 '사회복지공동모금회' 라 하고 약칭으로 '공동모금회' 라 부름

1) 공동모금 기능
① 지역사회 전반에 걸쳐서 공동모금에 가입된 단체를 위하여 모금을 하고 그 모금한 금액을 체계적으로 예산절차에 따라 배분을 실시하는 것임
② 지역사회의 사회복지, 보건, 레크리에이션 등 서비스에 협동적인 계획, 조정 및 관리를 추진하는 것임

2) 공동모금 특성

① 봉사활동으로의 민간운동

② 효율성과 일원화

③ 지역사회 중심

④ 전국적인 협조

⑤ 공동모금회는 민간복지 발전에 필요한 재원을 자율적으로 마련하고 이를 복지사
   업에 배분하는 민간복지 운동으로서, 지역사회를 중심기반으로 함
   - 모금의 일원화를 통해서 효율성을 높일 수 있음

3) 공동모금회 사회적 기능

① 합리적 기부금 모금을 통한 사회복지자금의 조성

② 국민의 상부상조정신 고양

③ 사회복지에 관한 이해의 보급과 여론의 형성

④ 민주적 사회인으로서의 권리와 책무의 수행

4) 공동모금의 장 · 단점

(1) 장점 ★★

① 공동모금은 개별모금에 비해 효율적인 모금과 합리적이고 형평성 있는 배분이 가
   능함

② 개별 사회복지기관은 모금활동에 투여하는 경비를 절약할 수 있음

③ 적절한 예산과 결산은 사회복지사업계획의 효율을 높임

④ 광범위한 교육선전활동은 사회복지에 대한 지식과 관심을 널리 보급함

(2) 단점

① 금전에만 관심이 기울어 사회복지라는 정신과 동기를 상실하기 쉬움

② 가입기관의 계획, 정책 및 운영에 대한 간섭의 가능성이 있음

③ 기부자를 적대시하지 못하므로 사회복지 현상유지를 위한 기능을 하게 되어 사회
   행동이 어려울 수 있음

5) 공동모금회 일반적인 배분절차

공고→사업계획서 접수→배분분과실행위원회 심의→운영위원회 승인→선정결과 통보 후 지원금 지급→사업결과보고서 제출→평가

6) 사회복지공동모금회법

① 사회복지사업의 지원을 위해 국민의 자발적 참여로 공동모금 된 재원을 효율적으로 관리 운영함으로써 사회복지의 증진에 이바지함을 목적으로 함
② 1997년 처음 제정되어 1998년 시행됨
③ 1999년 법의 개정결과 그 명칭이 사회복지공동모금회법으로 바뀜
④ 16개 시·도지회를 두고 있음
⑤ 기획, 홍보, 모금, 배분업무에 관한 사항을 심의하기 위하여 기획분과 실행위원회, 홍보분과실행위원회, 모금문과실행위원회 및 배분분과실행위원회를 두고 있음

7) 사회복지공동모금 의의

① 지역주민의 참여기회를 제공함으로써 자원봉사 정신을 함양시킬 수 있음
② 제도적 틀 내에서 민간자원을 동원하는 방법임
③ 공공재원과 민간재원이 통합되어 운영됨
④ 사회복지프로그램의 전문화 제고를 가능하게 함
⑤ 사회복지기관 업무의 질적 수준을 향상시킴

2. 자원봉사활동

1) 자원봉사 개념

① 자원봉사는 사회 또는 공공의 이익을 위한 일을 자기 의지로 행하는 것을 말함
② 복지향상을 위해 휴머니즘과 사회연대의식에 기초하여 자발적으로 비공식적 또는 공식적 자원봉사기관에서 계획되고 의도된 실천노력임

2) 자원봉사 필요성

① 자원봉사활동은 사회복지 일반교육의 기초가 되어왔으며, 인간적 성숙의 장으로 혹은 사회 복지교육 · 훈련활동으로서 중요시되고 있음
② '여가만족 · 자아실현' 등과 같은 인간의 기본적 욕구를 충족시켜 정신적 안정과 자기충실감을 가질 수 있게 함과 동시에 여가를 건전하게 사용하므로 여러 가지 사회문제를 예방하고 생의 보람과 희망을 가질 수 있음
③ 인간성 회복과 가정기능의 회복을 기초로 지역사회 재형성을 필요로 하고 있으며, 이를 위해서는 주민의 자발적인 참여가 필요함
④ 핵가족화의 경향으로 취약해진 가족기능을 보완해줄 수 있음
⑤ 통합화와 정상화(normalization)노력의 일환임
⑥ 전문직활동을 자극하여 새로운 방향으로 항상 적극적이고 창조적인 서비스를 행하게 되므로 사회복지 전문화를 위해서도 필수적이라고 할 수 있음
⑦ 지역사회의 사회복지관이나 시설 등에 인력과 재정이 매우 부족하므로 자원봉사자의 후원이 절실함
⑧ 자원봉사활동에 참여를 원하는 사람들에게 기회를 제공하여 상부상조의 정신과 연대감을 이룩해 나갈 수 있음

3) 자원봉사활동 특성 및 원칙

① 자아실현성: 인격적 성장을 가져옴과 동시에 자신의 잠재능력을 실현함
② 자발성 및 자주성: 자신의 의사로 활동함
③ 무보수성: 금전적 보수나 영리를 추구하지 않음
  – 이는 보수나 대가를 목적으로 봉사활동을 해서는 안 된다는 의미이지, 보수나 답례에 응해서는 안 된다는 의미가 아님
④ 이타성: 타인의 생명을 존중하며 이웃과 더불어 사는 가치관에 바탕을 둠
⑤ 사회성: 사회에 영향을 주고 사회적 책임을 다함
⑥ 공동체성: 공동체 의식을 높일 뿐만 아니라 그러한 생활을 실현하는 장임
⑦ 복지성: 지역사회 구성원이나 욕구를 지닌 사람들의 복지향상과 관련됨
⑧ 사회의 공동선을 실현: 인간존중의 정신과 민주주의 원칙에 입각하여 필요한 서비

스를 제공함

⑨ 개척성과 지속성: 공동체 건설에 헌신한다는 개척성 사명의식이 필요하고, 일회
적이고 우연한 활동이 아니라 의도되고 계획된 활동을 말하며, 일정기간 지속되
는 프로그램을 가지고 있어야 하고, 활동 자체가 임의로 변경되거나 단절되어서
는 안 됨

4) 자원봉사 활동의 관리과정
모집→사전교육→배치→지도감독 및 평가→인정 및 보상과 사후관리

5) 자원봉사센터의 기능
① 수급조정 – 수급 · 안내 · 상담

② 기록등록 – 기록 및 등록, 기자재 · 장소대여

③ 자원봉사활동지원 – 인정 및 보상, 상담조언 · 육성, 조직

④ 양성 · 연수 – 교육훈련, 연수

⑤ 홍보 · 계발 – 홍보 · 계발

⑥ 네트워크화 – 연계망 구축, 교류

⑦ 조사연구 – 조사 · 연구, 프로그램개발

01) 자원 동원 기관에 관한 설명으로 옳지 않은 것은? (17회 기출)

① 사회복지공동모금회의 신청사업은 프로그램사업과 긴급지원사업으로 나누어 공모형태로 진행된다.

② 기업의 사회공헌센터를 통한 기여 형태는 현금, 물품, 인력 등으로 다양하다.

③ 기부 식품 등 제공사업은 이용자에게 기초 푸드뱅크·마켓을 통해 기부물품을 제공하고 있다.

④ 자원봉사센터는 자원봉사활동기본법에 근거하여 자원봉사자를 양성·배치하는 역할을 수행한다.

⑤ 사회복지공동모금회는 노블레스 오블리주 실천을 위한 아너 소사이어티(honor society)를 운영하고 있다.

☞ 해설

사회복지공동모금회의 신청사업은 사회복지 증진을 위하여 자유주제 공모형태로 복지 사업을 신청 받아 배분하는 사업으로 프로그램사업 및 기능보강사업으로 나누어 공모형태로 진행된다.

정답: ①

02) 공동모금회의 모금방법 중 시민 걷기대회를 개최하고 언론사 홍보를 통해 사회복지공동모금의 필요성과 중요성을 홍보하면서 재원을 확보하는 방식에 해당하는 유형은? (14회 기출)

① 지역배분형

② 개별형

③ 기업중심형

④ 단체형

⑤ 특별사업형

☞ 해설

특별사업형은 특별한 프로그램이나 사업, 즉 백만인 걷기대회, 카니발, 오페라, 발레, 자선골프 대회, 카드발매 등 다양한 사업을 중심으로 모금하는 방법이다. 시민 걷기 대회를 개최하는 것은 특별사업형에 해당한다.

정답: ⑤

제21장
|
지역사회복지운동

1. 지역사회복지운동 개념

1) 개념

① 지역사회문제를 해결하기 위해 지역사회의 변화 또는 지역사회의 역량강화를 통해 지역주민의 욕구충족과 사회연대의식의 고취하고 지역공동체형성을 목표로 함
  - 지역차원에서 복지를 매개로 이루어지는 모든 사회운동은 지역사회복지운동으로 간주할 수 있음
② 지역사회의 내적 정체성을 실현·고양시키고 지역사회의 변화를 추구하기 위해 전개되는 주민 참여의 활성화를 통해 복지권리의식과 시민의식을 배양하는 사회권 확립운동임
③ 지역주민이 주체가 되어야 하지만 사회복지 전문가, 지역사회활동가, 사회복지실무자, 지역사회의 클라이언트 모두 주체가 될 수 있음
④ 우리나라의 경우 시민사회의 확장으로 1990년대 이후 지역사회복지운동은 새롭게 조명을 받고 있으며, 다양한 활동을 전개하고 있음

- 사회복지공동모금회법 제정으로 순수 민간차원의 모금운동이 활발해지고 있음

2) 지역사회복지운동 필요성 ★★★

① 사회복지정책 결정에의 영향
- 문제나 요구가 이슈화, 일반국민들의 관심을 끌거나 정책입안자들의 관심을 끌게 되는 과정
- 사회복지운동 참여자, 전문가, 운동가, 클라이언트들은 이슈화 과정에 참여
- 새로운 문제를 정의하고 정책대안 형성에 영향

② 지역사회조직의 활성화
- 생활현장에 뿌리를 두고 있는 기존 조직들을 활용, 지역사회조직 활성화
- 지역주민들을 동원하는 가장 빠른 방법

③ 주민의 권리의식 제고
- 국가, 공공단체에 개인의 권리에 대한 침해, 방해하는 강력항의
- 시민의 실질적인 권리를 확보: 개인차원, 집단 차원의 노력이 필요
- 지역주민들에게 권리의식의 확산 도모

④ 국가나 공공단체에 의한 개인의 권리에 대한 침해나 방해에는 강력하게 항의하고, 시민의 실질적인 권리를 확보하기 위해서는 개인 차원은 물론 집단 차원의 노력이 필요하다. 이를 통해 지역주민들에게 권리의식의 확산으로 도모할 수 있음

3) 지역사회복지운동의 의의 ★★

① 지역주민의 주체성, 역량을 강화
② 지역사회의 변화를 주도하는 조직운동
③ 주민참여 활성화: 권리의식, 시민의식 배양, 사회권 확립운동
④ 지역주민의 삶의 질과 관련된 생활영역: 지역사회복지의 확산과 발전
⑤ 지역사회의 다양한 자원 활용, 관련 조직 간의 유기적인 협력

4) 지역사회복지운동의 특징

① 의도적인 조직적 활동

- 지역주민의 삶의 질 향상: 의식적, 조직적인 활동
- 사회복지 대상자, 사회복지 종사자, 전문가, 모든 국민들의 참여
- 지역사회의 변화목표, 사회복지 달성하기 위해 의도적, 추진

② 시민운동과 맥을 같이 함
- 시민사회의 성장, 사회변화, 사회적 관심의 초점

③ 지역주민 전체를 기반으로 함
- 노동운동, 민중운동 제한적인 계층이 아니라 지역주민 전체를 기반(대상자가 포괄적)

5) 지역사회복지운동의 유형

① 지역사회 중심의 사회복지운동: 주민운동
- 주민의 생활근거지, 지역사회 기반
- 운동주체, 주민을 설정
- 목적지향적인 운동
- 사회운동의 일환
- 집단적 참여형태
- 공청회, 심의회, 주민자문위원회에 참여하는 제도적 형태라기보다는 비제도적 참여형태

② 문제 또는 이슈 중심의 지역사회복지운동
- 특정 사회복지 문제, 사회복지와 관련된 이슈중심, 시민운동 차원에서 접근
- 대상자 중심의 운동

6) 지역사회운동단체의 활동 사례

(1) 서비스 제공 활동

① 직접 서비스 제공: 사회적 약자, 직접 서비스를 제공, 각종교육훈련 프로그램을 제공하는 활동, 실직자 생계비 지원, 음식나눔 사업, 푸드뱅크 사업, 의료서비스 지원사업, 아동방과 후 교육 사업, 정신지체장애인 주간보호 시설

② 사회복지이벤트 사업: 다양한 단체들로 하여금 지역사회의 사회문제를 다룰 수 있

는 기회제공

③ 지역사회 내 다양한 지역운동단체들 간의 관계망을 형성

④ 사회복지교육: 지역주민을 대상으로 한 다양한 사회복지 교육 프로그램 제공

(2) 옹호활동

① 지역사회단체와 연대활동: 지방장치단체, 지방의회와의 관계, 조례 제정, 개정 운동

② 지방자치단체, 지방의회와의 관계 및 조례 제정, 재정운동

(3) 당사자 동원/주민조직화

① 우리복지시민운동연합(대학생자원모임, 사회복지학의 학생모임)

② 광주사회복지(여성, 청소년, 직장인, 가족모임 활용)

(4) 기타

지역사회조사 · 연구를 통한 지역복지정책 개발

7) 지역사회복지운동의 활성화를 위한 과제 ★★★

(1) 시민운동과 연대와 협력

사회복지계, 시민운동조직과의 연대활동을 발전

(2) 전문역량 강화

① 지역복지운동의 전문성을 강화

② 지역사회의 문제해결과 삶의 질 향상에 효과적

(3) 제도 여건 마련

지역주민 중심의 자조집단의 조직화, 조례제정운동 등과 같은 지역사회복지정책에 영향을 미칠 수 있는 제도적 여건 마련

(4) 사회복지의 독자 논리 개발

① 이데올로기 개발

② 욕구주의 주요 이념으로 발전

(5) 사회발전을 위한 발전적 논의 연결

다양한 운동조직인 노동운동조직과 시민운동조직과의 연대활동을 통해 사회발전을 꾀할 수 있는 발전적 논의가 연계

8) 지역사회복지운동의 주체

① 사회복지 전문가

② 지역사회 활동가

③ 사회복지 실무자

④ 지역사회의 클라이언트

⑤ 지역사회복지운동 목표

⑥ 주민참여의 활성화와 주민복지권의 증진

⑦ 지역사회복지기관의 확대

2. 주민참여

1) 주민참여 개념

① 참여주체는 국민

② 지역주민들이 공식적인 정부의 정책 또는 계획의 작성, 결정, 집행에 관여하여 주민들의 욕구를 정책이나 계획에 반영되도록 하는 적극적인 노력을 말함

2) 주민참여의 방법 ★★

(1) 일반적인 방법

① <u>전시회</u>: 전시물의 내용이 간단, 이해, 주민들과 접촉이 쉬운 곳에서 진행, 홍보, 선

전의 목적, 주민들의 의견파악

② 공청회: 모든 주민 대상으로 공개 초정하여 진행하는 방법

③ 설문조사: 현상의 기술, 예측, 변수 간의 관계분석, 의사 결정에 도움을 주는 계획된 자료수집방법

④ 대중매체: 매스미디어(정부의 계획, 정책 안의 내용을 홍보하는 것은 주민들의 의견, 욕구를 보도, 정책에 반영하는 계기)

⑤ 델파이방법: 다양한 전문가 집단의 지식, 능력을 결합, 반영하기 위해 익명성 보장, 우편을 통해 설문조사(문제확인, 목표, 우선순위 결정, 대안의 확인 평가에 유용한 방법)

⑥ 명목집단법: 아이디어 서면 작성-아이디어 제출-전체 아이디어 기록, 발표-구성원 토의- 투표 후 결정 아이디어 무기명으로 작성, 제출 각각의 아이디어 제출자를 알 수 없다는 특징

⑦ 사례트 방법: 지역주민, 관료, 정치가들이 함께 모여 서로 배우는 비공식적 분위기를 조성, 지역사회를 느끼는 문제점과 관료, 정치가들이 인지 문제의 시각을 개진, 상호 이해를 일정 시간 내 합의된 제안을 작성

⑧ 브레인스토밍: 여러 명이 한 가지 문제를 놓고 아이디어를 무작위로 개진, 그 중에서 최선책을 찾아내는 방법

3) 주민참여의 단계

주민참여는 계획 또는 정책결정 과정에 미치는 영향과 효과의 정도에 따라 실질적인 효과를 가져 오는 참여로부터 형식적인 효과를 가져 오는 참여까지 다양함

① 공식적인 정부의 의사결정과정에 관여하여 주민들의 욕구를 정책이나 계획에 반영시키기 위한 적극적인 노력을 말함

② 지역사회 문제의 해결방식을 지역특성에 맞게 적합한 방식으로 선택할 수 있음

③ 주민들이 문제해결능력과 부담에 대해서 책임지는 것은 아님

④ 지역주민들의 민주성을 확보할 수 있는 수단이 됨

4) 주민참여의 효과

(1) 긍정적인 측면

① 지방정부의 의사결정의 효율성을 제고시켜 줌

② 지방행정의 불평등을 완화시켜 줌

③ 정책결정의 민주성을 확보시켜 줌

④ 지방정부와 공공기관 간의 갈등을 중재시켜 줌

(2) 부정적인 측면

① 행정비용이 증가할 수 있고 주민들 간에 갈등을 유발시킬 수 있음

② 참여자들의 대표성 여부에 문제가 될 수 있음

③ 계획, 집행에서 시간상의 지연 가능성

5) 아른슈타인의 주민참여 8단계 ★★★

아른슈타인은 참여의 효과라는 측면에서 8단계를 3개의 범주로 나누어 고찰하고 있음

```
1단계 – 비참여: 조작, 치료
2단계 – 형식적 참여: 정보제공, 상담, 회유
3단계 – 주민권력: 협동관계, 권한위임, 주민통제
```

① 조작: 공무원이 일방적으로 교육, 설득시키고 주민은 단순히 참석

② 치료: 주민의 욕구불만을 일정한 사업에 분출시켜서 치료

③ 정보제공: 행정이 주민에게 일방적으로 정보를 제공

④ 상담: 공청회나 집회 등의 방법으로 행정에 참여하기를 유도

⑤ 회유: 주민의 참여범위가 확대되지만 최종적인 판단은 행정기관이 함

⑥ 협동관계: 행정기관이 최종결정권을 가지고 있지만 주민들이 필요한 경우 그들의 주장을 협상으로 유도할 수 있음

⑦ 권한위임: 주민들이 특정한 계획에 관해서 우월한 결정권을 행사하고 집행단계에

있어서도 강력한 권한을 행사함

⑧ <u>주민통제</u>: 주민 스스로 입안하고, 결정에서 집해 그리고 평가단계까지 주민이 통제하는 단계

01) 아른스테인(S. Arnstein)의 주민참여 수준 8단계 중 주민들이 특정한 계획에 관해서 우월한 결정권을 행사하고 집행단계에서도 강력한 권한을 행사하는 단계는?

(16회 기출)

① 조작(manipulation)
② 주민회유(placation)
③ 협동관계(partnership)
④ 권한위임(delegated power)
⑤ 주민통제(citizen control)

☞ 해설

아른스테인(S. R. Arnstein)의 주민참여 단계 중 권한위임(delegated power) 단계에서는 주민들이 특정한 계획에 관해서 우월한 결정권을 행사하고 집행단계에서도 강력한 권한을 행사한다.

정답: ④

02) 다음 설명은 아른스테인(S. Arnstein)이 분류한 주민참여단계 중 어디에 해당되는가?

(17회 기출)

> • 행정기관과 주민이 서로 간의 관계 확인
> • 행정기관이 일방적으로 주민들을 교육, 설득시키고 주민은 단순히 참여하는 수준
> • 주민참여에서 권력분배 정도가 가장 낮은 수준

① 주민회유(placation)   ② 협동관계(partnership)
③ 정보제공(informing)   ④ 권한위임(delegated power)
⑤ 조작(manipulation)

☞ 해설

조작(manipulation)은 행정과 주민이 서로간의 관계를 확인한다는 것에 의의를 찾을 수 있다. 그러나 공무원이 일방적으로 교육·설득시키고 주민은 단순히 참석하는 수준으로, 주민참여에서 권력분배 정도가 가장 낮은 비참여 단계에 해당한다.

정답: ⑤

참고문헌

- 1급 사회복지사 시험연구회. 『지역사회복지론』. 서울: 나눔의집, 2009.
- 감정기. 백종만. 김찬우. 『지역사회복지론』. 경기: 나남, 2005.
- 강철희. 정무성. 『지역사회복지실천론』. 경기: 나남, 2006.
- 권육상 외. 『지역사회복지론』. 경기: 유풍, 2008.
- 김광희. 『지역사회복지론』. 경기: 공동체, 2010.
- 김동훈. 『지역사회복지론』. 경기: 공동체, 2019.
- 김만호. 『지속가능한 지역사회를 추구하는 지역사회복지론』. 경기: 양서원, 2009.
- 류상열. 『지역사회복지론』. 서울: 형설, 2008.
- 사회복지교육원. 『지역사회복지론』. 경기: 양서원, 2008.
- 사회복지교육연구센터. 『지역사회복지론』. 서울: 나눔의집, 2017.
- 서상철. 『지역사회복지론』. 서울: 홍익재, 2006.
- 서울복지재단. 『지역사회조직과 실천방법』. 사회복지프로그램 매뉴얼 개발 연구보고서. 서울: 서울복지재단, 2005.
- 서울시 복지재단. 『사회복지 프로그램 매뉴얼』. 서울: 서울시 복지재단, 2005.
- 양정하 외. 『지역사회복지론』. 경기: 공동체, 2008.
- 어택룡. 노무지. 『지역사회복지론』. 경기: 양서원, 2006.
- 오정수. 류진석. 『지역사회복지론』. 서울: 학지사, 2008.
- 이애련 외. 『지역사회복지론』. 경기: 학현사, 2009.
- 이양훈 외. 『지역사회복지론』. 서울: 창지사, 2010.
- 이영철. 『지역사회복지론』. 경기: 양서원, 2007.
- 임정기. 『재가노인요양서비스 종류별 이용예측요인에 관한 연구』. 서울: 한국사회정책, 2009.
- 정재화. 『지방자치의 이해』. 서울: 세진사, 2006.
- 조추용 외. 『지역사회복지론』. 서울: 창지사, 2009.
- 최만림. 『교회의 지역사회복지 활성화 방안에 관한 연구』. 인하대학교 행정대학원 사회복지학과 석사학위논문. 2007
- 최옥채. 『사회복지사를 위한 조직화 기술』. 경기: 학현사, 2005.
- 최옥채. 『좋은 지역사회 만들기』. 경기: 학현사, 2003.

• 최일섭. 이현주. 『지역사회복지론(개정판)』. 서울: 서울대학교출판부, 2007.

• 한국사회복지협의회 홈페이지

• 한국사회복지협의회. 『사회복지협의회 운영매뉴얼』. 서울: 한국사회복지협의회, 2008.

• 한국사회복지협회 홈페이지

• 한국임상사회사업학회. 『지역사회복지론』. 서울: 신정출판사, 2008.

• 한국지역사회복지연구소. 『지역사회복지계획론』. 경기: 양서원, 2008.

• 한상진. 황미영. 『지역사회복지와 자원부문』. 서울: 집문당, 2009.

• 행정안전부. 『2008년 자원봉사센터 현황』. 세종: 행정안전부, 2009.2.

• 현외성. 『자원봉사론 강해』. 서울: 학지사, 2006.